不為他人抓狂

People Can't Drive You Crazy
If You Don't Give Them the Keys

在被逼瘋之前，
找回情緒的絕對主導權

Mike Bechtle
麥克·貝勒——著
龐元媛——譯

獻給提姆：

天底下還有比擁有一個自己敬愛的兒子更幸福的事嗎？

是你，成就了我的人生。

目次

致謝……010

第一部分　困在荒唐的世界

第1章　我很正常，是你荒唐……014
荒唐的言行是怎麼一回事／問題在於控制／最常見的問題／解鎖關係的新鑰匙／「零抓狂」人生能否實現？／從內在開始播種／大膽的承諾

第2章　自以為是的問題……028
感受取決於觀點／改變的可能性

第3章　人際關係的運作方式……039
人際關係的誕生／人際關係的成長／人際關係的五個迷思／人際關係的五個真相／遇到荒唐人該怎麼辦／治癒的希望

第二部分 改變別人

第4章 改變你能改變的……052

人真的能改變嗎？／跟不可理喻的人講理／控制vs.無法控制／控制你能控制的／誤解出自假設／溝通：正確理解的關鍵／關於觀點的格言

第5章 影響力的效應……067

影響的力量／改變無法強求／指望vs.期盼／我們不是沒有選擇／希望與現實的平衡

第6章 能不能跟家人斷絕關係？……078

無法選擇的緣分／家庭保命策略／改變的基本原則

第三部分 改變自己

第7章 為什麼大家不能跟我一樣？……092

天生不一樣／與自我共處／強迫改變的高昂代價／順應個人特質／關於性情的注意事項

第8章　情緒的能量……103
如何擺脫情緒？／反應vs.回應／情緒的特質／管理思維與情緒／考慮周全的解決方案

第9章　健全人際關係的七大特質……114
改變帶來自由／由內而外改變／成就理想關係的品格

第10章　第一項重要特質：認清自己……125
坦誠相待／以謙卑接近真相／愛是行動，而非感受／不能把他們掐死嗎？／看見真相的訣竅

第11章　第二項重要特質：正向看待……135
快樂的正反兩面／泥沼裡的彩虹／選擇聚焦在何處／心理多工作業的問題／注意力的用途

第12章　第三項重要特質：選對焦點……147
只打該打的仗／選對戰場，找回滿足／新態度的新想法／有輸入才有輸出／正面朝上的思考／掌握情緒的練習

第13章 第四項重要特質：潛心等待……160
匆忙成癮／時間的價值／耐心的秘密／審視內在
第14章 第五項重要特質：寬厚為懷……170
寬厚的力量／寬厚的原理／寬厚的真諦／寬厚的夢想
第15章 第六項重要特質：保持正直……179
正直的影響／正直對人際關係的影響／裝出來的正直／保護自己的正直
第16章 第七項重要特質：堅定信念……189
斬斷你的後路／萬一做錯選擇／堅持的報酬／是維持，還是創造和平？／承諾的意義
第四部分 改變你的環境
第17章 分清關係的優先次序……200
機會成本／關係的機會成本／荒唐人的成本／領導者的啟示／預防抓狂的人際原則

第18章　人際關係沒有保固……210
還要多久，才能改變？／沒保固的無價商品／只為自己負責

第19章　選擇離開的時機……218
該離開，還是該留下？／留下來的力量／選定決策

第五部分　付諸實踐

第20章　放下完美主義……230
執著完美的根源／完美主義的黑暗面／勇於冒險，方能復甦／放鬆心情，放過自己

第21章　裝睡的人叫不醒……240
何必開始？／找到改變的希望／開啟行動的處方

第22章　人際關係救生包……250
必備用品清單

第23章　努力是值得的……259
荒唐的源頭／看待人際關係的新角度／健康人際關係的十二個訣竅／請求協助／選擇改變
參考資料……269

致謝

有人說，你把認識的荒唐人全都排成一排……那就把他們留在那裡就好了。我寫了這本探討「荒唐人」的書，要感謝的人要是全都列出來，恐怕會比這本書還長。一一列名是不可能的（而且還會惹禍上身）。

但還是要感謝他們。感謝我人生至今遇到的每一位荒唐人。你們知道我說的是你們。不過話又說回來，你們大概不知道。沒有你們，這本書就沒有存在的必要。這樣說雖然很奇怪，但我還是感謝你們。

與這些人相反的，是那些讓我得以活到現在還沒瘋掉，還能保持神智清醒的人。沒有他們，同樣也不會有這本書。他們成就了今天的我，在我抓狂時帶給我希望。這些人的人數遠比荒唐人多，言語不足以形容我對他們的感謝。

尤其要感謝伴我走過第三本書製作過程的幾位：

感謝Kristine McCarty博士與我一起在寫作的路上奮鬥。她寫她的博士論文，我寫這本書。我們每星期碰面，互相鼓勵也互相監督。多虧有她，我才能按照進度寫作。沒有她緊盯進度，我恐怕會延遲交稿。是她讓我明白團隊合作與最佳拍檔的好處。謝謝妳，我的好友。

有人說，好事不會總發生在同一人身上。我卻得以走運三次。我至今寫了三本書，次次都有幸與Revell的Vicki Crumpton博士合作，感覺就像屢屢中樂透。能再次與她合作，對我來說是夢想成真。感謝我的經紀人，也就是Alive Communications的Joel Kneedler促成合作的緣分。這兩位都是發掘作者想表達的心聲，再以無比的熱情予以呈現的高手。我何其有幸，能有兩位相助。

感謝Dennis Chernekoff博士慷慨相助，以專業諮詢師的角度審閱書稿，才不會有人看完我寫的東西，就馬上去跳樓。能有一位專家好友幫忙把關，真的踏實多了。感謝你撥冗相助。

我的家人時時讓我明白，什麼才是最重要的，有他們在，我寫這本書才沒有走偏。Sara、Tim還有Brian，你們僅僅是出現在我的人生，就帶給我不少快樂。我的孫子女也讓我知道，荒唐人畢竟是少數。能有你們當家人，真是上帝的恩賜！

說到底，最認真為我搖旗吶喊，加油打氣，也付出最真摯情誼的人，莫過於黛安。有她從旁關懷與指點，寫書的過程並不寂寞。寫完這本書，我們夫妻的感情更上層樓。這一路走來，我最大的收穫是有她相伴。我的心託付給最可靠的妳。我愛妳。

感謝上帝永遠與我同行。

第一部分

困在荒唐的世界

第1章

我很正常，是你荒唐

你這一天的開頭很正常。孩子們要上學去，另一半要上班去，你上週末加班，所以今天放假。這種好事太難得了，簡直像上天的恩賜。你可以出門處理雜事、打幾通想打卻沒時間打的電話，做你一直沒時間做的案子。說不定還可以在你家露台看書、放鬆。期待好多，壓力好少。這會是美好的一天。

然後狀況就來了……

- 你女兒哭著走下樓梯，因為她剛才在走廊嘔吐（還得了結膜炎）。
- 你的另一半十萬火急地衝回家，對你說：「我的車子發動不了，拜託你載我去上班……下午也要來接我。」

- 你媽突然出現在你家門口。
- 你另一半的媽媽突然出現在你家門口。
- 你的孩子沖馬桶，馬桶卻湧出一堆髒東西。
- 你在教會的朋友打電話來，就是人生永遠有危機的那一位，又是一口氣嘩啦啦把這次的危機倒給你聽，都不用停下來換氣。
- 你的老闆傳訊息來：「我知道我叫你今天休假……可是客戶只有今天會過來。你下午一點方不方便進來一趟？只要一小時就好。」

這些人快把我搞瘋啦！

我們都遇過這種荒唐人。我們就算不是正處在令人抓狂的狀況，大概也是剛剛才脫離，不然就是正要陷進去。讓人緊張的事件彷彿接二連三降臨。難得沒有壓力的時候，我們又開始擔心接下來會發生的事。

只要有荒唐人，就有誇張的抓狂事上演。我們拚命想消滅抓狂事，但只要荒唐人還沒離開我們的人生，抓狂事就會繼續上演。有些人是在無意間惹出抓狂事，有些人卻好像不逼瘋我們不罷休。

人人都有一個最自在的情緒設定點。在這個情緒設定點，一切很順利，我們很開心，也沒人擾亂我們的生活。就算有人搗亂，我們也會不假思索地竭盡全力讓生活回歸正常。我們會努力解決問題、改變荒唐人，或是改變局勢。

種種辦法要是有用，我們就能回到情緒設定點，回歸自在的心境。要是沒用，我們就焦慮、擔憂、煩亂，滿腦子只想回到舒適圈。

這就是**抓狂事**，任何能讓我們不安的事情都算。抓狂事總是跟人脫不了關係——就是那些簡直要把我們搞瘋的荒唐人。有荒唐人，就不愁沒抓狂事。

我們以為少了抓狂事，人生會更美好。但當你跟別人談起人生的閱歷，會選擇說哪些故事？全都是抓狂事，不會是例行公事。我們說一個人的人生「多采多姿」，意思是此人經歷過不尋常的危難。我們會跟別人說的，是在假期遇到的刺激冒險，而不是早晨看報之類的例行公事。真人實境秀也都經過剪輯，刪去大段的無聊內容，只呈現抓狂的片刻。

我認識的一位退休警察，說他的職業生涯是「長年的例行公事，偶爾穿插驚濤駭浪」。我們回顧過往，會發現是抓狂的片段豐富了人生。而我們想避開的，是**當下**的痛苦，而且多半是人際關係所引發的痛苦。

抓狂事有很多種型態，對我們的人生也會引發不同的影響。你家的雪納瑞犬在客人剛踏進你家時吐在地毯上，確實會讓你抓狂，但不會比你家廚房失火嚴重。你那貼心的另一半不小心把你最愛的羊毛衣放進烘衣機，烘過的羊毛衣給你家金絲雀穿正合身，這又在你的心中點燃另一種抓狂：你知道丈夫是好意，卻也要承受他的無心之過。

這兩種情況，都是別人的言行讓我們抓狂。

荒唐的言行是怎麼一回事

荒唐人會在我們的人生上演抓狂事，但每一件抓狂事對各人的影響各有不同。這本書中討論的抓狂事，具有下列特質：

首先，抓狂事會牽動我們的**情緒**。事件本身是怎麼一回事，或是一個人說了什麼、做了什麼，其實不重要。抓狂事之所以讓我們抓狂，是因為引發了我們的某些**感受**。所以才會出現這種情形：兩人被同一場塞車困住，也同樣沒能準時前往同一場會面，但其中一人很懊惱，另一人卻不會。問題並不在於塞車遲到，而是我們對於塞車遲到的反應。

第二，抓狂事通常**與人有關**。我們之所以抓狂，是因為別人讓我們失望。別人超我們的車、遲到，或是用酸言酸語回應我們。某個情況會讓我們抓狂，大概都跟人脫不了關係。在酷熱難耐的日子，我們罵電力公司高層收這麼高的電費，害我們開冷氣就得荷包失血，也怪老闆不加薪，害我們不敢調整溫度控制器。

第三，抓狂事往往**出乎意料**。我們沒預料到，所以沒能防備。罹患重病、失業，或是半夜接到警方來電，說家裡十幾歲的孩子闖禍了，這些都是人生當中難以預料的事情。

第四，能讓我們抓狂的事，都是**切身相關**的。世上的抓狂事很多，但不是每一件都會影響到我們。這本書探討的，是會把我們直接拉出舒適圈的抓狂事。聽見某企業總裁因為侵占公司的退休基金而被逮捕是一回事，得知自己的退休基金被自家公司總裁侵占，那可是另外一回事。

第五，抓狂事往往被**誇大**。當然也不見得一定是如此，只是我們常常把一件事想得比實際上誇張。規定的回家時間已經過了十分鐘，女兒還沒回家，你有點生氣。半小時後，你有些惱火。再過一小時，你就慌了。又過了一小時，六神無主的你打電話報警。等到女兒終於踏進家門，你不知道是該寬心，還是該殺人。

問題在於控制

一種情境讓我們不自在的程度，取決於我們能控制的程度。要是能處理，我們就不會太介意。車子爆胎，我們修好。馬桶溢出，我們請水管工修理，自己再收拾。我們一時精神不濟，對孩子口出惡言，事後就道歉。

最讓我們抓狂的，往往是無法解決的問題，還有無法改變的人。聽到醫生在同一句話說出「不治」與「癌症」，抓狂就進入了新的境界。好友不顧昔日交情背叛我們，我們也不敢保證自己能「讓一切回得去」。不可理喻的老闆完全不講道理，我們大概也無力改造老闆。

遇到這些情況該怎麼辦？要怎樣才能從抓狂事中脫身？

這就像兩個人在跳舞。我們努力跟上，卻也猜不透對方會怎麼做。對方踏出我們意料之外的舞步，我們慌忙反應，免得兩人都摔倒。對方也會針對我們的動作回應，兩人不斷適應著彼此的分歧，繼續有來有往地跳著舞。

最常見的問題

有位女士在雜貨店，遇見一位帶著幼兒的先生。幼小的男孩在購物車的座位上動來動去，不時大叫，完全失控，想把貨架上的東西抓下來，又吼個不停。那位先生走在雜貨店的走道，鎮定地說了幾次：「比利，沒有關係，你能搞定。這難不倒你。別煩惱。比利，要保持冷靜，不會有事的。」

女士超欣賞他的風度，覺得應該要讚美他如此沉穩：「抱歉打擾，我只是想說，我覺得你能這樣跟小比利說話，真的很好。」

先生回道：「喔，我兒子叫傑瑞米。我才是比利。」

我的職業是教課，一星期會有幾次在企業或旅館的會議室，指導學員管理時間與人生。我們在課堂上談論的，是找出最重要的東西，日常生活的選擇也要以這些東西為重。學員要想出務實的方法，妥善安排工作與個人時間，才能逐步接近這個最重要的東西。

每次下課後，常有學員過來問我該如何運用這些概念，解決他們各自的問題。瑪德琳提出的問題，正是我最常聽見的問題：

我很喜歡你傳授的概念，也很想拿來運用。可是我的老闆就是不懂。我願意試試看，但她就是不肯。她這個人很強勢，不可理喻，你教的東西她完全沒概念。我覺得你教的東西都很好，問題是我根本不可能有機會拿來用。我覺得我沒得選擇。

聽起來是不是很熟悉？你可以把「老闆」換成「另一半」、「朋友」、「姻親」、「爸媽」，或是任何一位在你生活中惹出抓狂事的荒唐人。總之就是，無論你做什麼，總有人搞破壞。

我對於這個常見的問題所提出的答案，就是這本書的架構。我通常會建議以三個步驟解決問題：

一、首先要盡量改變眼前的狀況。要用各種方法，努力改變對方的行為，或是改變局面。也許你需要在能卸下心防的環境，與對方好好談談，或是發揮創意解決問題。也可以跟對方商量出雙贏的解決方案。

二、如果你已經用盡辦法，卻無法改變局面，那就要採取第二步：改變你的態度。

問題變成「我該怎麼做，才能改變處理問題的方式，而不會一天到晚被這個問題吃掉？」

三、在某些情況，也許離開才是最好的解決辦法。倘若老闆不會改變，你再也受不了，那不妨考慮換個工作，或是調到公司的其他部門。不過很多人沒有先努力改變局勢與自己的態度，就直接離開。這樣的人立刻做出的被動反應是「我放棄」。但放棄應該是窮盡一切辦法都無效，才採取的最後手段。

第三個選項不見得適用於每種情況。我並不是建議大家因為再也不想忍受抓狂事，就乾脆與惹事的荒唐家人斷絕來往，斬斷多年的情誼。太多人放棄得太快，卻沒有先努力經營關係。

說個例子給你聽：

假設我們家族每逢感恩節，都要在我家共進晚餐。我家房子最大，地點也剛好在各家的中間。我很喜歡跟家人相聚，可是每次感恩節結束，我都快崩潰了。

喬叔叔不喜歡火雞，所以我每次除了火雞之外，也一定要準備火腿。沒有一位家人說會帶東西來，所以一切由我買單。蒂娜原本說沒辦法來，當天卻出現了，還帶著兩個很怪的朋友。在感恩節前，我得花上幾天打掃家裡、打點一切，但等到晚餐結束、該收拾的時候，他們都跑去看足球賽。沒人說一句感謝，就只會嫌醬料裡的葡萄乾太多。

以下是我依照前述的三個步驟，可能會有的做法：

一、我能不能改變情況？如果我決定在自家辦感恩節晚宴，可能會改採以下幾種做法：

- 請喬叔叔自己帶他要吃的火腿。
- 在線上發出邀請，也請大家說要帶哪些餐點過來。
- 聘請清潔人員把我家整理好。
- 把有線電視的線先拔掉。
- 用另一個碗裝葡萄乾給大家吃。

二、大家要是不接受我的建議，我也可以拿出良好的態度，接受別人的行為不會改變的現實。

三、如果這件事帶給我的壓力太大，身心可能崩潰，那我也可以改變環境：

- 直接說「我家今年不舉辦感恩節晚宴。麻煩大家再告訴我要在哪裡舉辦，我會到場幫忙」。

- 在本地餐廳訂位，再告訴家人每人要付多少錢。
- 與至親好友在郵輪度過感恩節。
- 安排家裡進行除白蟻工程。

這樣做，就等於實踐了「寧靜禱文」（Serenity Prayer）：「主啊，請賜我平和的心態，讓我坦然接受我無法改變的事。賜我勇氣，讓我勇於改變我能改變的事。也請賜我智慧，讓我明辨何者能改變，何者又無法改變。」

解鎖關係的新鑰匙

這本書的第一部分，要討論能否改變荒唐人在我們生活中惹出的抓狂事。很多方法雖然不能說百分之百無效，但多半沒用。我們需要一套新鑰匙，才能解鎖這些關係。

「那萬一鑰匙沒用，鎖也已經毀壞到無法修理的地步，該怎麼辦？我們陷入困局卻不能直接離去，又該怎麼辦？」

這本書的第二部分，要討論我們可以養成哪些最能影響別人的特質與態度。重點不是我們的行為，而是我們成為什麼樣的人。我們要聚焦在七把最能對付荒唐人的「鑰匙」，也就是哪些個人特質與回應方式最能保護自己，不被其他人的問題搞瘋。

最後一部分，則是要談人際關係的實際操作面：何時該離開，以及如何與他人正向交流。

「零抓狂」人生能否實現？

據說馬丁．路德（Martin Luther）曾說：「你不能阻止鳥兒降落在你頭上，但你可以不讓他們在你頭上築巢。」我們無力阻止各種事件發生，也管不了別人要怎麼說、怎麼做。荒唐人總是會在我們的人生出沒，無法避免。

所謂「零抓狂」的意思，並不是要把抓狂事，或是把惹事的人趕走，而是**不讓自己的生活因為抓狂事而停擺**。這本書要講的是自由，也就是不要讓自己的生活與態度，被別人的選擇左右。

從內在開始播種

想不受別人的荒唐行為影響，並不需要演戲。我們不必硬是去演一個不像自己的人，或硬要裝作能體會自己無法體會的感覺。該做的是改變我們的內在。

想要桃樹結成的桃子，就不能把桃子黏在桃樹上，而是要細心栽種桃樹，等待桃樹健康成長、自然生成桃子。同樣的道理：在充滿抓狂事的人際關係中，我們不必要求自己表現得更體貼、更有耐心，而是要讓自己發自內心更體貼、更有耐心。假裝只會搞得自己太累。

我們若長年受到抓狂事以及他人影響，也許會感到絕望。但這本書要傳授的，並不只是自救的方法，也包括真正的改變——要讓你真正蛻變為內心夠強大，能應付別人荒唐言行的人。

信仰對生活的影響，同樣不容忽視。我發現自己解決人際關係問題的資源有限，但相信上帝會為我的生命塑造品格，就是最大的力量源泉。我與上帝的關係，讓我得以改善我與別人的關係。

大膽的承諾

這是我對你的承諾。你若能看完這本書，願意接受不同的觀點，決心踏上個人成長的道路，就能練就擺脫束縛的本事，再也不受其他人的選擇與行為影響。這並不代表你與別人相處再也不會難受，而是你會擁有處理問題的資源，不是只能不予理會，或粉飾太平。你的人際關係會更堅實，在生活各領域更快樂，也不會受到他人的問題牽累。你的反應會是主動，而非被動，身心也會因此更健康。

你會得到**自由**。

第2章

自以為是的問題

「我簡直不敢相信，我們竟然會信任他！」

我們給他錢，也給了他案子做，沒想到他就這樣人間蒸發。除了他自己，誰也不知道他的去向，就連多年來在跳蚤市場擺攤的附近幾位攤商，也不知道他在哪裡。

他以前總是租同一個攤位，所以要找到他很容易。之前他為我們效力，表現十分優異，我們都讚賞有加。我們向跳蚤市場的某位藝術品經銷商買了一幅平價的風景畫，再拿給他。一週之後，畫作經過裝裱，加上獨特的熱塗飾，看起來像價值不菲的名畫。而且防水、防損壞，幾乎刀槍不入。

唯一不能防範的，就是竊盜。

他這個人除了這一點，其他方面都像個真正的好人。

那個星期六早晨，我們前往離家大約三十英里的大型跳蚤市場，想找一幅畫作，懸掛在家中正在裝潢的客房。我們在戶外畫廊逛了逛，停下來買杯咖啡慢慢品嚐。我們一眼看中心儀的畫作，立刻請賣方進行最後修飾。談妥價錢之後，我們付了帳，約好下週末與賣方見面。

情緒：快樂真快樂。我們選中了一幅好畫。咖啡真好喝，這天早上好悠哉。

到了下週六，我們停下來喝咖啡，走過停車場。沒想到到了他的攤位，卻是空無一人。我們在鄰近的幾條走道穿梭，確認自己沒走錯攤位，但卻不見他的蹤影。我們還以為他身體不舒服，沒能參與市集。我們能體諒，但他也該打個電話，省得我們跑這一趟。

情緒：有些生氣，但也能體諒。至少喝到了好喝的咖啡。

接下來的一個禮拜，我們沒去煩惱這件事，打算下個星期六再去取畫。這一次我們又中途停下來喝咖啡，簡直像是想說服自己，沒事沒事，這會是個美好的早晨。我們走在停車場，邊說：「他這禮拜要是還不見蹤影，那我們也太倒楣了吧？」

結果一語成讖。攤位依舊是空無一人，也沒人看到他。我們極力保持冷靜，告訴自己此人先前如此可信，現在肯定是出事了，才會不見人影。但是跑了這麼多趟，也損失了不少油錢。我們在這個跳蚤市場買東西省下的錢，都浪費在加油了。

情緒：惱火，幾近怒火中燒，但還是願意相信他沒有惡意。這件事好令人抓狂，我們不喜歡抓狂。咖啡涼得好快，我們把喝了一半的咖啡扔了。

又一個禮拜過去了。我們雖沒說起，但這件抓狂的事情始終盤據心頭。我們打算星期六再去一趟，這樣就知道先前的擔憂有無道理。「他這次一定會在……也會跟我們說明之前出了什麼事。」

我們手上的收據背面，有他的電話號碼。為了確認，我打了電話，客客氣氣留言：「嗨，我們幾星期前見過，當時委託你裝裱一幅畫。你說下星期六可以取件，可是無論是那個星期六，還是再下一個星期六，我們都找不到你。我們打算明天再過去，希望你平安，也希望能取件。跑一趟的車程有點遠，我們想先打聲招呼再過去。明天早上見。」

電話沒響起。我們開了三十英里的路，前往跳蚤市場。這次沒喝咖啡，咖啡是你心情愉快，享受悠閒的早晨才會想喝的東西。我們覺得等順利取件，確認沒問題之後再喝也不遲。

還是沒找到他。

情緒：氣他不跟我們聯絡。氣自己被耍。氣他拿了我們的畫還有錢，顯然騙了我們的東西，大概也騙了很多人的東西，就這樣一走了之。氣自己信任他。氣我們在四個星期六，開了兩百四十英里的車。氣我們遇到這麼誇張的事。太誇張了，情緒沸騰，信任破滅。氣我們還得思考接下來該怎麼辦。我們這次沒喝咖啡，所以就更惱火了。

回到家以後，我的心情已經平復到能打電話。我決定這次留言要客氣，卻也要堅定：「我這次還是要問我們的畫。你一直沒回電話，我們難免會往最壞的方向去想。請務必告訴我們，何時何地可以取件。再見。」

那天我們不在家，家裡的答錄機倒是出現了他的留言，顯然他聽到我們的留言，不到一小時就回電。他的聲音有些顫抖：「呃，我是跳蚤市場的那位。很抱歉讓你們如此困擾。我會再請你們過來取件。」顫抖的聲音轉為啜泣：「幾個星期前，我們剛出生不久的兒子死在嬰兒床裡。好像是嬰兒猝死症。我們就這麼一個兒子……我真的不知道該怎麼辦……真的很抱歉……有人把我的畫都拿到他的倉庫去了，你們可以到那裡取件。」他的聲音越來越小，直到掛斷：「……對不起……」

情緒：為他痛失愛子而沉痛不已。為我們先前的自以為是而慚愧。超想慰問他。

我回電慰問。那幅畫再也不重要了。我們對他的觀感有所改變，覺得遭受重創的他，需要一雙撫慰的臂膀。

我們的心情歷經上沖下洗，已是精疲力盡。這個月真是狀況連連。雖說不太愉快，但跟他的悲慘遭遇相比，卻是不值一提。

感受取決於觀點

我們嘴上說不喜歡高潮迭起的人際關係，卻喜歡看電視實境秀的類似戲碼。但凡「壞人」出現，劇情就精彩了，我們捨不得移開目光。張力十足的劇情能收穫好評，我們隔天也會跟朋友聊起。大家都愛看荒唐人，只要不必與他們相處就好。

誰的生活都有抓狂事，但很多人偏偏被抓狂事左右。無論是生活還是情緒，似乎都被周遭發生的事情主宰，於是在不知不覺中，任由自己被其他人的缺陷連累，人生被其他人控制。

回顧跳蚤市場事件，我經常思考與這件事有關的抓狂情節。在這個過程中，我的情緒是從何而來？我並沒有掌握所有的事實，會抓狂是因為這件事真的那麼讓人抓狂，還是我自己解讀出來的抓狂？我能不能換個方式處理？下次遇到類似的情況，該怎麼做？能不能換種方式回應？

我發現，我的問題分成三個部分：

一、我沒掌握全部的事實，所以有些地方只能假設。
二、我認定我的假設是正確的。
三、錯誤的假設引發了種種情緒（但我先前並不知道，這些假設是錯誤的）。

要知道，這整個過程都在我的大腦上演。在這個例子中，我氣自己的生活被別人擾亂。但要是我早點得知實情，就會做出更好的假設，也會產生不一樣的情緒。後來得知實情的我，確實就有了不一樣的假設與情緒。

這就是觀點會引發的問題：我們老是依據現有資訊，認定自己是對的。

這本書大部分的篇幅，都在探討萬一生活被別人的荒唐舉動擾亂，我們該怎麼做。但首先要從**我們的**觀點談起。無論別人怎麼做，我們的感受與回應，終究還是取決於自己的觀點。

觀點就像鏡頭，我們透過這個鏡頭，解讀周遭發生的一切。這就像戴眼鏡，除非鏡片太髒，否則我們不會注意到鏡片的存在。我們是**透過**鏡片看事物。鏡片的度數要是有問題，我們看見的事物就會扭曲。但遇到這種情況，我們也不會覺得是鏡片有問題，只會認為自己看到的東西確實扭曲了。

沒有人是一出生就荒唐。我們在剛出生的那幾年，就要判斷這個世界是否安全。鏡片會在幼年時期形成，而我們終其一生都會使用這副鏡片，努力在社會闖蕩。幼年時期要是能累積正面且安全的經驗，就會有安全感，也能經營正向的人際關係。但要是在年幼時累積了負面經驗，就會覺得這個世界不安全，也會發展出避開人生中地雷的能力。他們面對這種情況的因應方式，在別人看來也許就顯得荒唐。

舉例來說，富人往往認為窮人要是能發財，就會快樂；而富人要是變窮，就會不快樂。但社會上有些最富有的人卻也最不快樂，因為他們沒有找到真正的快樂。有些最貧窮的人，反而能從簡單的生活以及緊密的人際關係中，得到真正的快樂。

幾年前，網路上流傳的一則故事，道盡了這種現象：

有位美國商人在墨西哥沿海一個小村莊的碼頭上，遇到一艘小船靠岸，船裡只有一位漁民。小船裡有幾條很大的黃鰭鮪，美國商人讚賞魚的品質，也問墨西哥漁民，用了多久時間才抓到這幾條魚？墨西哥人答道：「沒多久。」美國人又問，為何不在海上停留久一些，多捕一些魚？墨西哥人說，他捕的魚已經夠全家人吃了。美國人又問：「那你其餘的時間都在做什麼？」墨西哥漁民說：「我睡到自然醒，花點時間捕魚，跟孩子們玩耍，跟妻子一起午睡。每天晚上到村子裡晃晃，喝點酒，跟朋友們彈吉他。所以先生，我的生活很充實，也很忙碌。」

美國人笑著嘲笑他：「我是史丹福大學的企業管理碩士，我可以指點你。你應該多花些時間捕魚，賺了錢就能買更大的船，更大的船就能賺更多的錢，再買幾艘船，到最後你就能擁有一隻船隊。你可以把漁獲直接賣給加工商，不必賣給中間人，有朝一日還能自己開一家罐頭工廠。你可以控制產品，也可以控制市場。你可以控制所有的加工與銷售。然後你當然就要離開這個小漁村，搬到墨西哥市。往後再搬到洛杉磯，最後就能定居紐約，經營一家不斷擴張的企業。」

墨西哥漁民說：「可是先生啊，要多久才能達成這一切？」

美國人說：「也許要十五到二十年。」

「那然後呢？十五到二十年之後呢？」

美國人笑著說：「啊，最精彩的就是這個。過了十五到二十年，等時機成熟，你的公司就能上市，那你就會暴富，數錢數到手抽筋。」

「數錢數到手抽筋，然後要做什麼？」

「啊。」美國人說：「然後你就可以退休，搬到沿海的小漁村，就可以天天睡到自然醒，花點時間捕魚，跟孩子們玩耍，跟妻子一起午睡。每天晚上到村子裡晃晃，喝點酒，跟朋友們彈吉他。」（作者姓名不詳）

《聖經》說，先訴情由的似乎有理，但鄰舍來到，就察出實情（《箴言》第十八章第十七節）。這不代表我們是錯的，別人就是對的，而是我們的觀點確實有可能不完整。我們跟荒唐人打交道，唯一的希望，就是自己的假設、行動與回應，都要以**事實**為基礎。

我們必須足夠謙卑，才會質疑自己的觀點。必須從對方的角度看事情，否則看不見全貌。

改變的可能性

有些人被其他人的荒唐行為影響太久，根本無從想像另一種生活，甚至覺得自己不可能擁有另一種生活。有可能有不一樣的生活嗎？有可能不被別人的行為擾亂嗎？

答案是「**是**」。改變別人行為的可能性，跟你們家十幾歲的孩子打掃自己的房間的機率一樣大：是有可能，但可能性不大（而且要歷經一番折騰）。但**我們**如何回應，總是可以自己作主。也許我們不熟悉這些，也許需要學習，也需要熟練另一種思考方式，但總是有可能做到。

這本書談的是希望。我們不可能避開所有的抓狂事與荒唐人。但我們可以練就合宜回應、而非衝動反應的本事，在別人展現負面情緒的時候保持正面。

- 我們會了解，該如何與無法避開的荒唐人和平共處，要當個贏家，而非受害者。
- 我們會了解如何發掘，又如何接受自己獨特的性情，發揮天生的特長。
- 我們會探討別人如何影響我們的生活，也了解如何因應我們對別人的反應。

- 我們會討論該如何改善與荒唐人之間的關係，荒唐人若是不肯改變，我們又該怎麼辦。
- 我們會了解如何駕馭情緒，改善人際關係，而不是被情緒拖累。
- 我們會研究自身的特質，以坦誠、務實的方式，處理人生當中的抓狂事。

看清事物的本質，人生才有希望。要先釐清自己的觀點，才能影響別人的觀點。重點在於從內在改變。

第3章

人際關係的運作方式

想像一下，每個人的腦袋要是都連接一台電視螢幕，公開播放真正的心思，會是如何？人人嘴上說的是一套，真實的想法卻會顯現在螢幕上：

說的是：「你的配色真好看！」
想的是：「這種配色早就過氣了。」

說的是：「見到你真開心。」
想的是：「在下次不得不見面之前，我都不用再有罪惡感了。」

說的是：「你們家寶寶好可愛。」

想的是：「哇，生產過程想必很折騰吧？」

能知道別人在想什麼，似乎是件好事，這樣我們就能洞悉別人真正的感受，不必猜測對方的回應。知道對方真正的心思，溝通就容易多了，對吧？

某種程度來說，應該是這樣沒錯。我們應該很希望能洞察別人的心思。但要是**自己**的頭上裝了螢幕，內心的想法坦露無遺，你會作何感想？呃，那又是另一回事了。

在人生中，要是有個能坦露心事的對象，那真是一種福氣。我們夠在乎他們，所以願意說實話，而且是心甘情願說實話。他們也夠在乎我們，所以也願意說真心話。如此的關係十分罕見，而且極其珍貴。

幾年前，妻子與我考慮移居另一個城市。我們打算遷入的城市，距離現居地大概只有三十英里，所以不算搬得很遠。即使搬到新的城市，我們還是可以工作，也還是離已成家的兒女很近，而且還能生活在向來喜歡的新環境。兩地的房價差不多，所以移居應該不是難事。

但我們最終還是決定繼續住在原來的家，留在已經生活了二十幾年的區域。我們本想移居的城市還是有點距離，所以到了那裡，人際關係都得重新建立。我們也有過這種經驗，但也意識到現在擁有的人際關係有多珍貴。現在的友誼可不只是點頭之交，而是二十幾年的人生經驗所累積的深厚情誼。無論是養育子女、經營事業，還是遇到各自的難關，我們都曾互相扶持。

是，我們當然可以結交新朋友。但我們知道要付出多少時間與心力，才能擁有如此珍貴的深厚情誼。這種情誼就像鑽石，會隨著時間與壓力而越發堅實，而且難能可貴，我們不願放棄。

人際關係的誕生

人際關係就像河流。水勢最猛、風景最美，也是最深的河流，能讓你嘆為觀止。但循著河流一路走到源頭，就會發現河流的源頭位於山的高處，一點一滴的水匯聚成淺淺的細流，再形成和緩的小河，最後逐漸擴大，演變成下游湍急的河流。

緣分是從短暫的相遇開始。互不認識的兩個人初次相見，一開始通常是互相問候，這是開啟互動、展開對話的一種很簡便的社交方式。我們對對方一無所知，於是開始吸收言語及視覺資料，才能有個印象。我們下意識想著：「我看對方的外表、衣著、眼神交流，髮型、舉止，以及語氣，就能大致判斷對方是怎樣的人。」如此判斷當然也有可能完全錯誤，但總要有個判斷的起點。

接下來，我們再透過視覺與聽覺蒐集線索，思考先前的判斷是否正確。互動的時間越長，蒐集到的資料就越多，而越能準確判斷對方是怎樣的人。

所以，我們會從一句尋常的問候開始：「你好嗎？」

「我很好，你呢？」

這種開場白雖說老套，卻是試水溫的好辦法。畢竟一段關係才剛開始，不適合談得太深：「嗨，我是邦妮，請問你體重幾公斤？」

人際關係的成長

我們繼續互動，越來越了解對方，也尋找共同點，小小的水滴逐漸匯聚。我們漸漸發現彼此的興趣與優先次序。聊得越多，就越能得知能否與此人相處愉快。

交流得越多，對方影響我們的人生就越多。堅實的關係並不是一開始就堅實，而是隨著經驗累積，彼此越發信任，在各自的人生留下印記，才會逐漸成長。

一旦信任對方並展開一段關係，我們就會變得自在。河水越來越深，越來越湍急。我們為這段關係設下理想的「設定點」，對於關係的發展，也有一些放在心裡沒說出口的期待。

但與對方走得越近，這段關係受到的考驗就越多。人不可測，一如河水氾濫，朝著新的方向流動。對方要是不符合我們的期待，我們就會感到不自在，也會希望重返設定點。

對方讓我們離設定點越遠，越不符合我們的期待，我們就越不自在。我們知道問題不是出在自己，所以可能會認為對方確實不太正常。

人際關係的五個迷思

我們會說：「這不是理所當然的嗎？他們為什麼就是不懂？」

說到人際關係，我們常會納悶為何事態發展不如預期，心想：「我們處理事情是完全理性的。別人要是願意耐心聽我們的觀點，馬上就能理解我們的看法，問題就能迎刃而解。他們為何就是不懂呢？」

對方對我們大概也是這種感覺。

人際關係的發展是凌亂的，並不會依循四平八穩的架構。我們可以掌握自己要如何應對不同的人，也能判斷對方的回應。但每個人都是獨特的，所以也會有獨特的回應方式，必須等到對方真正回應，我們才能得知。要是僅憑自己判斷對方會如何回應，就做出行為與選擇，往往只會失敗。

我們經營人際關係，常常是依據不正確的原則，甚或是迷思。這些不是我們刻意做的選擇，而只是假設，卻不利於發展良性的關係。

一、對方要是能接受我說的事實，就會做出不同的回應

想用理性邏輯改變別人的情緒反應，就像想用水澆熄廚房的油類火災。水與油是無法相融的，用這種方式救火，等於火上加油。

二、除非這段關係好轉，否則我永遠快樂不起來

這種觀點等於是讓對方主宰自己的情緒。這樣不經思考的反應，會害自己無法成長、無法成功，也會讓自己受到別人的缺陷與選擇影響。

三、**他們要是信仰上帝，一切問題都會煙消雲散**。

與上帝的關係不佳，確實對人生不利，但誰也不能保證有良好的宗教信仰，人際關係的問題就能迎刃而解。人不是永遠不變，每個人都在成長，而且這輩子都不可能做到完美。你看過教會的教友起爭執嗎？

四、改善關係需要兩個人努力

兩個人當中若有一個不願努力改善關係，那關係就難以強化。但這並不代表我們只能被困在失靈的關係之中。懂得良性的回應方式，就能控制自己的情緒調節器，雖然無法改變對方，仍然可以減輕對方帶給我們生活的影響。

五、我只要有耐心、堅持下去，對方終究會改變

不切實際的希望，對一段關係中的雙方都有害。我們希望對方改變，也期盼能如願以償，但我們無法控制對方的選擇，也無力控制對方的選擇所造成的後果。要是以為堅持下去，對方就會改變，等於是將對方的責任往自己身上攬。對方要是不改變，我們只會害得自己灰心沮喪。

人際關係的五個真相

那對於人際關係，我們究竟知道些**什麼**？

一、**我們相處最多的人，製造的抓狂事最多**

不同的人，對我們的影響也不同。一位點頭之交也許會招惹你，但你其實很少與此人見面。反而每天坐在你身旁的同事，住在你家的人，或是每逢假期必定會與你相聚的人，才能左右你的情緒。

二、**人際關係是需要經營的**

有人說：「人生最好的東西是免費的。」從金錢的角度看是這樣沒錯，但還是需要專心一志的努力，才能克服別人在我們人生搞出的抓狂事。

三、經營人際關係需要時間

電視常常上演的戲碼，是許多人際關係即使出現裂痕，談過一兩次就能和好。在真實人生，這樣的談話確實會上演，但也只是漫長過程的一小部分。正如身體的傷口需要時間才能癒合，情緒問題也不可能在一夕之間解決。

四、過往的事情不見得會重演

想改變一段長期的關係，似乎比登天還難。你那混帳手足多年來始終荒唐，所以你覺得沒辦法「讓狗不吃屎」。但經營一段關係要想有一線希望，就必須接受各種可能性。誰也不能保證一定會成功，但總有希望。

五、你不需要受對方影響

陷在一段有害身心的關係，很容易覺得被對方害得身心俱疲。對方可能永遠不會改變，繼續相處下去，抓狂事可能會沒完沒了。但我們其實不必任由這種人擾亂我們的生活。

遇到荒唐人該怎麼辦

我們認識的荒唐人越多，發生抓狂事的機率就越大。抓狂事越多，我們就越不自在。想回到設定點時，我們通常會採取第一章談到的三種選項之一：

一、勸說荒唐人洗心革面。

二、忍受荒唐人。

三、將荒唐人逐出自己的人生。

第一個選項雖說不錯，卻往往不切實際。要是把希望全寄託在對方能變成我們想要的樣子，那只會傷心絕望。我們無法強迫別人改變。懷抱想改變人的想法，只會害得自己痛苦不斷。我們可以引導別人改變，但無法強求。母親可以罰兒子暫時坐在椅子上，但兒子也許會想：「我表面上坐著，但我內心還是站著。」

第二個選項是合宜回應的扭曲版本，而且往往會演變成殉道情結：「這就是我的命，我永遠無法擺脫這個人，這個人也永遠不會變，所以我不可能會快樂。」這句話往往有一部分是對的：這種人會一直存在，而且會一路荒唐到底。但我們並不是非得當個受害者，而可以選擇回應的方式。

第三個選項在某些情況管用，但在某些情況恐怕沒用。你不見得能選擇同事與老闆。家人即使住在同一個國家遙遠的另一頭，血緣總是斷不了。就算你們家兩歲大的小朋友把你惹毛，你也不能說：「我看哪，你對這個家沒有貢獻，都快把我搞瘋了。我看你還是滾吧。家裡這個週末要清倉大拍賣……」

我們即使無力改變，也無法脫離困境，還是能選擇如何回應。謹慎選擇回應的方式，就不會受到別人的選擇影響。

治癒的希望

有人說，你即使發現完美的組織，也千萬別加入，因為你一加入，這個組織就不完美了。天底下所有的人際關係也是如此。作家凱西．米勒（Kathy Collard Miller）分享過自己與後來成為她丈夫的男人相遇的經歷。她說，她覺得這個男人就是身穿閃亮盔甲、能保護她的騎士，這會是一段金玉良緣。但後來，她漸漸發現了鏽斑。[1]

要是揮一揮魔杖，就能把抓狂事全都變不見，該有多好？可惜天底下沒有這種好事。問題就出在這裡：沒有人是完美的。只要生活在不完美的世界，身旁圍繞的都是不完美的人，人際關係就難免會有抓狂事。

有些人會因人際關係不順，而祈求上帝幫忙。但上帝通常不會重砲一轟，就改變某人的想法與行為。上帝能做的，是賜給我們處理人際關係的智慧。

擁有正面的人際關係，不代表與我們相處的人完美無瑕，或者我們的人生再無風浪，也不代表身邊的每個人都會改進。而是無論對方怎麼做，我們都盡力好好經營關係。我們改變的是自己，不是對方。

身心健康的我們，就會有**希望**。

第二部分

改變別人

第4章 改變你能改變的

我生活在大都市，所以常常開車。我通常每天都在不同的公司工作，這些公司多半離我家五十至一百英里遠，所以在開車往返的路上，難免會遇到塞車。在美國南加州開車，不可能不遇到塞車。

我們剛從鳳凰城（Phoenix）搬到這裡來的時候，曾有人說：「別讓塞車影響你的心情。」一直到第一天開車進洛杉磯市區，我才真正領教到什麼叫做塞車。那時的我卡在高速公路上動彈不得，以為前面一定是發生了嚴重車禍。後來才知道根本沒有車禍，而是每逢尖峰時段就必然如此。

我有兩個選擇。一個是很多駕駛的選擇：大發雷霆，被塞車氣到猛敲方向盤，胡亂開車，對附近的其他駕駛大吼大叫。情緒被自己無力控制的塞車左右。

我知道第一個選項（被塞車氣到大發雷霆）沒有用。所以我只剩第二個選項：用另一種方式回應塞車。

我發現我早上應該早點出門，就能避開塞車最嚴重的時段，還能在目的地附近的咖啡店來杯咖啡，放鬆心情。下午的塞車是避不掉的，但我會規劃其他路線，也會收聽路況報導。我還準備了能放鬆心情的音樂及有聲書，可以一邊開車一邊聽。我無法改變塞車，但我可以讓自己的情緒不被塞車綁架。

一定要了解自己能控制什麼，又不能控制什麼。若是搞不清楚，就會害自己生氣沮喪。

舉個例子，我可以控制自己買什麼顏色的車，但我不能控制別人喜不喜歡。我可以依照自己的意思養育子女，但我不能控制他們在成年的路上，所做的種種選擇。我們看見自己在乎的人做錯決定，就想導正他們。但他們要是不肯怎麼辦？任由自己被別人的行為宰割，並不健康。我們無力控制其他人的選擇與態度。我們唯一真正能控制的，是自己的選擇與態度。為自己的選擇負責，就更能影響其他人的人生。太在意自己無力控制的事情，就無法影響其他人，等於是任由別人的缺陷，剝奪自己的快樂與自我意識。

我經常前往的一座城市，離我家大約六十英里遠。我通常一大早就開車去那裡，避開塞車時間，再到當地的咖啡店晃晃，等時間差不多了，再到我舉辦講座的地點。

在這家咖啡店，有幾位先生每天都會在露台相聚。他們的年紀都在六十五歲以上，每天一起喝咖啡、聊時事，也談談該怎麼解決世上的疑難雜症。他們聊的話題包括戰爭、政治、經濟，以及時事。幾年來我經常看見他們在露台聚會，還有人專門坐在露台，看他們爭執得面紅耳赤，當作娛樂。

我不曉得這幾位先生每天剩下的時間都做些什麼，但在我看來，他們習慣消耗不少情緒能量，在自己完全無力控制的事，而沒把情緒能量用在真正有能力改變的事。我常想，他們要是不扯這些，專心去做自己能改變的事，能做成多少事。所謂做事，並不一定要是改變世界的大事，而是對自己能改變的事採取實際行動。如此一來，他們的影響力就會與日俱增。

人真的能改變嗎？

人真的能改變嗎？簡單的答案是能，人是**能**改變的。一個人的習性無論維持了多久，還是有改變的希望。人生的河流將人推往新的方向，人也會隨之成長與改變。我們不想無奈地說：「不可能，他們永遠不會改。」我們也許可以成為他們的助力，引導他們成為更好的人。

更重要的問題是：「他們**會**改變嗎？」這可就沒那麼容易回答了，因為我們無從得知別人往後會做出的選擇。希望是一**定有**的，但保證是**不可能有**的。我們不想受荒唐人影響，就要秉持雙重觀點：要懷抱**希望**，但也要**務實**。一段關係如果沒有希望，就沒有維持下去的必要；若不懂得務實，就很有可能會失望。沒有兼顧希望與務實，就沒有能力做出有益的選擇。

是，人是可以改變的。人是**有可能**改變的。但必須要自願改變才有可能，只有自己才能改變自己。我們無法為別人的選擇負責。若是承擔他人的選擇，就會因為他人不按照我們的計畫走而感到挫折，最後只能對著烤箱這種東西大吼大叫。

並不是說應該直接逃離一段關係，但有些關係確實應該逃離。很多人是因為受不了壓力，所以直接逃離，卻沒有解決引發痛苦的問題。幾年後，他們仍然為這些未解決的問題所苦，依然被痛苦吞噬。

跟不可理喻的人講理

如果腦中思索的，跟我們感受到的情緒不同，該相信哪個？除非刻意留心，否則人的感受總是沒有邏輯。

在近期的一趟短程商務旅行中，我就遇到了這種現象。那次飛行航程只有一小時，在降落前大約五分鐘的時候，遇上了亂流。亂流其實不算嚴重，在此之前的航程也很平穩。有位坐在走道對面的先生想看雜誌，但顯然不太自在。每碰撞一次，他就一隻手握著座椅的扶手，另一隻手把手上的雜誌捏得皺皺的。我看見他深吸一口氣，屏住呼吸，想藉著看雜誌轉移注意力。

那天稍早，我聽見一則關於飛航安全的新聞報導，報導比較了客機失事死亡與車禍死亡的機率。過去五十年來，車禍死亡的機率大約是百分之一，而客機失事死亡的機率，則是一千零五十萬分之一。

我可以隔著走道傾身向前，告訴這位先生，他失事死亡的機率其實很低。等我們降落以後，他從機場開車回家出車禍死亡的機率，都比飛機失事死亡的機率高出不少。我也可以拿圖表與數據給他看，證明我所言不假。但只要飛機搖晃，他還是會緊緊握住座椅扶手。

一個人在情緒激動的當下，是聽不進去別人講的道理的。你可曾跟生氣的另一半或是十幾歲的年輕人講道理？結果如何？

奇普．希思與丹．希思（Chip and Dan Heath）在《你可以改變別人》（*Switch: How to Change Things When Change is Hard*）一書中，以騎大象作為比喻。[1]騎大象的人代表邏輯，用理性分析自己想前往何處，他做出的結論是合理的，也有資料作證。但他所騎的大象，卻代表情緒。他可以拉扯韁繩，暫時以邏輯指揮大象前行，但要不了多久，就會因為精疲力盡而放棄，只能任由大象自己走。

大多數時候，都是大象帶著人，而不是人指揮大象，也就是情緒會壓倒理性。對我們來說，騎大象的人想要勝出，唯一的機會就是完全理解自己想成為怎樣的人，並刻意朝著這個方向經營。

控制 vs. 無法控制

看看下列幾項常見的壓力，思考你能否控制：

一、在哪裡工作
二、其他人的意見
三、吃什麼
四、紅眼航班
五、閒暇時間的安排
六、股市
七、我們要跟誰相處
八、世界各地的戰爭
九、我們的選擇
十、天氣
十一、我們的態度
十二、太陽何時升起
十三、我們去哪裡度假
十四、其他人的失常
十五、我們如何回應其他人的失常
十六、工作的安穩程度
十七、早餐吃什麼
十八、烤箱多久能把麵包烤好

我們認為其中幾項，例如「我們要跟誰相處」以及「工作的安穩程度」，是既能控制，也不能控制的。這兩項確實取決於我們的工作環境，不過要是我們練就新技能，也許就能改變這兩個項目。不過大致而言，單數的項目是我們能控制的，雙數的項目則是我們無法控制的。

你可曾因為烤箱烤東西太久，或是因為電腦打開網頁竟然用了五秒而不是兩秒，就氣到大吼大叫？

人生處處能找到我們能控制，以及不能控制的事物。大多數的人都無法區別這兩者，所以備受壓力。想改變無法改變的事物，就等於懷抱不切實際的期待。

控制你能控制的

我們能控制什麼？**自己**。我們不能控制什麼？**其餘的一切**。

我們之所以會生氣，是因為想控制自己無力控制的人事物。想要不被荒唐人禍害，關鍵在於判斷自己能控制什麼，再盡力控制。我們不能改變其他人，但改變自己，就有能力影響其他人。

我十幾歲的時候，就在鳳凰城領略到這個道理。當時的我就跟其他的十六歲年輕人沒什麼兩樣，很得意能拿到駕照，也覺得自己的駕駛技術高明得很。我平常是個很隨和的人，但一坐上駕駛座，就顯露出我個性中不為人知的一面。

我的這一面顯露出來，是第一次被人超車的時候。我前方有一排車，後面沒有車，卻偏偏有一部車駛入我前方的車道，以大約十英里的時速行駛，我還得急踩煞車，才不會撞上他。我生氣地心想：「這人瘋了。」於是我就像其他成熟的駕駛，立刻開始緊跟著他的車。我想，他應該會注意到我的舉動，並且後悔剛才超我的車。

結果並未如我所願。

接下來的幾個禮拜，我又遇到好幾位荒唐駕駛。每遇到一次，怒氣就再升一級，甚至到了車子都還沒發動，我就已經怒火中燒的地步。我心裡想的是：「今天不曉得又要遇到哪個神經病？」

有一天，類似的情形又發生了，我被另一位駕駛惹毛，於是緊跟在後要回敬他。紅燈時，我把車開到他旁邊，怒瞪著他。但他沒注意到我在瞪他，我就更生氣了。我的汽車喇叭壞了，所以沒辦法讓他注意到我。我越發憤怒，因為我想懲罰他，他卻渾然不覺。

後來我認清了事實。人家好得很，我卻氣呼呼。我唯一懲罰的人是……我自己。我明明**不希望**被那個人控制情緒，到頭來卻任由那人控制我的情緒。我變成一個被他影響的受害者，他卻根本不知道發生了什麼事。

你可曾被人惹怒，久久不能釋懷？也許你多年前在一段關係受了傷，後來再也沒跟對方見面，但至今你或許仍然受到那人的所作所為影響。以這樣的方式對別人懷恨在心，簡直就像自己服毒，卻指望那人死掉。

我們必須先改變自己，再回應別人的言行，要發展出能應對對方的荒唐行為，而不受影響的人格特質。我們改變自己，別人對我們的回應也會有所不同。但最重要的是：我們的性格會夠堅強，也會有界線，無論別人怎麼做，都能保持良好的情緒。

誤解出自假設

人際關係之所以會有許多不愉快，問題都是出在我們自己的期待。我們認為第一印象就代表此人的真實面。才剛跟對方接觸，我們就產生了第一印象，也以為這個印象不會有錯。

問題在於，我們是從片面的觀點看人。我們不知道對方的觀點，所以就以為對方會跟自己一樣。就好比透過自己的鏡頭，也就是從我們的背景、文化、教育程度、經驗、語言看事物。但對方其實也在做一樣的事情，也以為我們的想法跟他們一樣。所以雙方對於未來的關係，都懷抱不切實際的期待。

你可曾認定某人是什麼樣的人，後來得知新的消息，推翻了原先的看法？

在高速公路上，有人不先打燈就直接超我的車，害我必須緊急煞車，我的第一印象會是這個人無知、無禮，存心挑釁。我的情緒會很激動，也會臆測對方的性格與能力。

但我也曾因為沒看到其他車，不小心超了別人的車。我以為我都看清楚了，但其實是直到我超車，他們差點撞上我而氣得按喇叭，我才發現自己超車。我並沒有惡意，也沒存心挑釁，但從車子的後照鏡看他們的反應，就知道他們不了解實情。他們對我的假設，就是我對別人常有的假設。

別人完全無心的舉動，卻被我們解讀為惡意。而正是因為我們這樣解讀，才會心煩意亂。

溝通：正確理解的關鍵

我在鳳凰城長大，所以當我說「今天會很熱」的時候，我指的「熱」是大約攝氏四十七度的乾燥炎熱。但如果你來自亞特蘭大（Atlanta）或安克拉治（Anchorage），那你所謂的「熱」，就完全是另一回事了。

在對話中，我是透過我的鏡頭在看事物。我清楚自己的想法（攝氏約四十七度），並且透過同樣的鏡頭聽你說話，因此以為我們看法也一致。我在聽你說話，卻是從我的觀點聽。

問題就出在這裡：**雙方都在做同樣的事情**。要是我們都自以為理解對方所說的意思，那麼雙方都會搞錯。我們只了解自己看見的片面，卻納悶：「明明這麼明顯，他們為什麼就是不懂？」

解決之道在於從彼此的角度觀看。我必須意識到你的觀點與我不同，也要了解你如何看待事情。這並不代表我必須認同你的觀點，而是我想看見你看見的。雙方若是都能花時間了解彼此的觀點，就能為往後的關係打好基礎。

若有第三人牽涉其中，那就更糟糕了。我在你背後跟第三人議論你，就等於把第三人的觀點與我自己的結合，強化我對你行事動機的假設。在沒有找你談，也沒有研究你觀點的情況下，離正確的推論就更遠了。

關於觀點的格言

你說：「這怎麼可能做得到？我一輩子都從自己的觀點看事情，對方也一樣，那我們怎麼可能改變？」

問得好。幸好這個問題也有一個很好的答案。《聖經》談的不只是宗教，也包括人際關係，其中傳授不少經營人際關係的實用建議。以下是幾個例子：

- 屢次挑錯的，離間密友。（《箴言》第十七章第九節）
- 所以你們要棄絕謊言，各人與鄰舍說實話。（《以弗所書》第四章第二十五節）
- 回答柔和使怒消退。（《箴言》第十五章第一節、第二十五章第十五節、第二十九章第十一節）
- 未曾聽完先回答的，便是他的愚昧和羞辱。（《箴言》第十八章第十三節）
- 所以，你們該彼此勸慰。（《帖撒羅尼迦前書》第五章第十一節）
- 在爭鬧之先必當止息爭競。（《箴言》第十七章第十四節）
- 各人不要單顧自己的事，也要顧別人的事。（《腓立比書》第二章第四節）

- 你們各人要快快地聽，慢慢地說。（《雅各書》第一章第十九節、《箴言》第十章第十九節）
- 義人的心思量如何回答。（《箴言》第十五章第二十八節）
- 謹守口與舌的，就保守自己免受災難。（《箴言》第二十一章第二十三節）

我們想知道如何妥善使用剛買的新車，就要閱讀車商提供的使用手冊；想要擁有良好的人際關係，就要閱讀創造人際關係的上帝所賜予的使用手冊，從中吸收真理。這些道理適用於所有的人際關係，包括我們與荒唐人的關係。

這並不是說我們只要做該做的事，依循人際關係的真理，其他人就會自動走上正途。我們無法控制其他人的回應，但還是可以控制自己對其他人的回應。無論是經營哪一種人際關係，無論對方怎麼做，我們還是可以依循上述的原則。

要注意的是，上述這些原則都是指導自己該怎麼做，而不是指導對方該怎麼做。重點是**我們**如何處理人際關係，別人怎麼做不重要。這就代表我們會發展出往後能一再使用的相處方式，也知道對方可能會、也可能不會給出我們想要的回應。

救生員就是個很好的例子。救生員練就最有效的急救方法，也一再運用。他們知道不可能救下每一條人命，但還是會繼續努力。

所以可以說，一切完全取決於我們。我們能控制**自己的**選擇、行動以及態度，也確實能改變這些，但其他人不見得如此。其他人要做什麼，或是要有什麼樣的感受，都不是我們能強求的。

那在其他人的人生中，我們究竟**能**做什麼？我們可以運用能引導其他人改變的最有效利器：**影響力**。

第5章
影響力的效應

最近我聽見有人說：「你會越來越像五個你相處最多的人。」我這幾天都在思考這句話，也想到兩個問題：

一、我相處最多的人是誰？

二、我已經變得像他們了嗎？

我相處最多的人是我的妻子。我們的個性不同，但結婚至今三十四年了，常常是一個人話還沒說完，另一個人就能接下去，對於很多事情的回應也相同。多年下來，我們的興趣漸趨一致，但著重的領域仍然各有不同。這在一段健全的關係也是好事。

我也花很多時間，跟職場上的同事、教會的朋友，還有一群經常碰面的小團體成員相處。現在想想，確實能看出他們與我互相影響。我們身上都帶著些許彼此人生的「氣味」。

這些改變並不是刻意為之，而是在相處之間自然而然發生。所以如果這句話為真，那就會衍生出另外兩個問題：

一、我相處最多的五個人，是否越來越像我？

二、越來越像我是好事嗎？

影響的力量

我發現我不太喜歡跟想改變我的人相處。別人要是把我當成該「修理」的東西，我的態度就不會很友善。而別人要是純粹走進我的人生，無條件接納我，我就會受其影響，有所改變。不知不覺，他們的接納影響了我，我也越來越像他們。

所以謹慎交友才如此重要。跟像自己的人相處是很自在，但我們很難改變，也不會有所成長。一個人想真正突破自我、有所發展，就要刻意結交在人生的某些領域領先我們的人，當作一生的好友。

換句話說，要找到自己在各年齡層中欽佩、想仿效的對象，多與這樣的人相處。這樣的人際關係會如何？他們並不會要求你遵循指示，也不會帶領你完成課程。他們只是做自己，而你看著他們走過人生的各種情況。你在不知不覺中，也懂得該如何處理同樣的情況。他們示範了理想的處理方式給你看。

他們並不會強迫你改變，而是潛移默化。與這樣的人相處，你也會成為不同的人。回想那些曾經啟發你更上層樓的人，以及那些鼓勵你做你自認為做不到的事、把目標設定得更高的人。這樣的人也許是老師、教練、祖父母，或是你們家的朋友。是他們的鼓勵讓你相信自己。在你陷入困境時，是他們在你身邊加油打氣，對你說：「我相信你。」

感覺如何？

也許你的童年很悽慘，沒有得到應有的照顧，而幼年時期不健全的人際關係，至今仍然影響著你。等到好不容易有人相信你，此人在你的記憶中，大概就像一道穿透烏雲的陽光那樣特別。這個人可能完全沒察覺，自己改變了你的人生。他們並沒有特意幫你上課，只是與你夠親近，得以影響你。

所有的人際關係皆是如此。我們不見得知道，但其實其他人都在注意我們，跟我們越親近，他們越會記得自己看見的。我們處理人生大小狀況的方式，也會影響他們的處理方式。

改變無法強求

我的妻子黛安很喜歡繡球花。繡球花是一種很吸引人的花，有各種顏色，多半是各種粉色與白色。另外還有一種漂亮的藍色，不過是人工栽種，並不是天然的。

黛安想要藍色的繡球花，有兩種方法能達成心願：

一、**她可以強求**。她可以抓住繡球花的莖，對著花說：「你要是不開出藍色的花，我就把你拿去堆肥。」

二、**她可以發揮影響力**。她只要在土壤添加適量的硫酸鋁，通常就能開出藍色的花。

每一種園藝皆是如此。我們不能強求植物生長，但還是可以澆水、施肥、栽培，或是以其他方式照料，促成植物生長。只要提供良好的環境，植物健康成長的機率就會大增。

人際關係也是同樣的道理。我們不能強求其他人改變。越是強求，就越會失望。曾有人問美國前總統艾森豪（Dwight Eisenhower）該如何激勵他人。他從桌上拿起一條細繩，想推到手指前方，但顯然沒辦法。是他的手指要先動，細繩才會動。他說，想逼別人前進，只會害自己失望。[1] 想激勵他人，唯一的辦法是先做個表率，他人通常就會跟進。

我們沒有義務整頓別人，卻偏偏常常這樣做，別人不配合，我們又感到挫折。

那我們該做**什麼**？

許多探討人際關係的書，都主張不要讓自己受他人的缺陷影響，要設下界線，也要保持安全距離。這種觀點當然有道理，畢竟我們不能被別人的問題連累。但這並不代表我們就不該致力改變。《聖經》中有不少篇幅談到影響他人，指的就是要持續關注他人。我們不能強迫他們改變，但還是可以影響他們。關鍵並不在於**他們**的回應，而是**我**

們如何對待**他們**。

觀點分為三個層面：

一、我們盡力影響他人，而不是強迫他人改變。

二、我們懷抱務實的期待，知道自己無法掌控他人的行為。

三、我們以理想的方式與他人相處，也建立該有的界線，免得自己受到他人的選擇影響。

指望 vs. 期盼

雪倫與父親的關係向來惡劣。父親從未明說不喜歡她，但關心的始終是她的兄弟。她想得到父親理睬，無比困難。她覺得在父親心目中，她的事無論如何都是「以後再說」。現在已是成年人的她，不知該如何與父親相處。父親與她向來不親近，但她還是覺得應該修補關係，「讓一切更好」。問題是她越努力，父親的回應就讓她越失望。

她應該乾脆放棄，還是應該繼續努力、希望能有轉機？她應不應該認為自己要「尊敬父親」，所以基於內疚而繼續努力？

我們有所期待，就會陷入困境。即使身陷不健康的關係，我們往往也會努力拯救。關係越近，我們就越希望能改善。但要是一心想改變對方，只會讓自己失望。而對方若是沒達成我的期待，我就會脫離情緒設定點，導致情緒爆發。期待要是落空，總不免會痛苦。

比較理想的觀點，是**期盼**而非指望。所謂期盼，是我不知道之後會發生什麼事，而我可以坦白說出我的顧慮，坦誠我希望這個人能改變，但並不是強求事情按某種方式發展。因為我並不知道往後會如何。

我不強求，而是靜觀其變，特別留意我可能沒注意到的改變。那個人可能永遠不會改變，關係也可能永遠無法修補，但如果我從務實的角度思考，那無論遇到何種情況，在這段關係，都能做出合宜的選擇。

我們不是沒有選擇

我們的大腦常常會開啟自動駕駛模式。當與其他人之間出了問題，我們很少會停下來，思考最理想的回應方式。我們的預設反應，是「修理」看似失靈的東西，而不是想「影響」他人。

想想影響你最深的那些人，他們當中哪幾位是刻意塑造你，哪幾位又是對你潛移默化？這兩者都能影響你，但潛移默化的影響力可能更大。

我們必須懂得用心影響其他人，就能在一段關係中，把自己該做的做好，其他人也依然擁有選擇的自由。要在一段關係中發揮影響力，同時又強求自己想要的目標，是很困難的。我們刻意發揮了影響力，就不能再強迫另一方改變。

想想那些曾經影響我的人，我發現他們沒有一位是刻意而為。他們只是夠關心我，所以願意接近，我才得以近距離觀察他們的人生，自己也有所改變。

約翰・阿代爾（John Adair）是高中時期負責指導我的牧師，他的興趣是修復老鋼琴。我很喜歡音樂，也說過我覺得他做的事情很有意思。於是他邀請我到他家車庫，跟他一起建造、抛光、調音、維護鋼琴，順便從旁學習。我從他身上學到一些關於鋼琴的知識，也從我們兩人之間的情誼，了解人生的道理。當時的我跟很多十幾歲的少年一樣，覺得未來的人生充滿不確定性，幸好有約翰相信我。我已經不記得他說過的許多話，但我還記得得到他的肯定時的感受。我對自己沒信心的時候，是他給了我信心。他沒有逼迫我成為怎樣的人，而是潛移默化。我能成為現在的我，他是最大的功臣。

所謂影響力，意思是與他人親近時，能維持正向的情緒。這意味著刻意與其他人發展能互相影響的關係。我的朋友吉姆稱之為「匯流」。並不需要存有刻意的目的，只要夠關心，願意交流就好。

對於這樣的人際關係，我們不應懷抱期待，否則別人的回應若是不符期待，我們就會感到沮喪。但我們可以心存期盼，知道自己在別人的人生中發揮的影響力，總會產生某些效應。我們也許不會看見是怎樣的效應，但絕對會有效應。

希望與現實的平衡

我們希望別人改變，尤其是荒唐人。我們滿心希望他們能改變。他們害我們脫離情緒設定點，我們不曉得情緒能否有平復的一天。

這微妙的差異，形成了兩極：

一、希望（他們會改變）

二、現實（知道他們也許不會改變）

這兩極可以共存，讓我們能避免脫離情緒設定點太遠的窘境。當我們一再想影響別人的人生卻徒勞無功，很容易會有想放棄的念頭。以務實的角度思考，就會了解別人的人生不見得會改善。

但無論有多糟，總還有希望。

布萊德與琳達有個二十五歲的兒子，終日讓夫妻倆頭疼。兒子走上的路，與夫妻倆的教誨背道而馳，所以親子之間關係緊張。親子相聚的時候，聊得並不深，兒子似乎總是找不到人生的方向與目標。夫妻倆為兒子禱告，也保持聯絡，但可以說已經不抱任何希望。他們不想逼瘋自己，只能接受兒子大概不會改變的事實。

他們若是認為兒子不會改變，那坦然接受，免得自己情緒失控，確實比較務實。但另一個務實的想法，是上帝跟他們一樣愛他們的兒子（應該說更愛才對）。做父母的會身心俱疲，但上帝不會。

這不代表兒子就會改變，純粹是上帝並沒有放棄，且會守護這孩子一生。布萊德與琳達也許不該奢望兒子往後會改變，但還是可以相信，兒子終身都會有上帝守護。

這就是指望與期盼的差異。所謂指望，就是等待我們樂見的某事發生，若是沒發生，我們就會失望。至於期盼，則是我們做自己認為該做的事，在別人的人生起了潛移默化的作用，即使發生了自己無力控制的變化，也坦然接受。

我們不能主宰別人的人生。但我們可以當別人的隊友，付出關懷、潛移默化，讓別人更好。

第6章

能不能跟家人斷絕關係？

你家隔壁的鄰居，把他們家的房子漆成紫紅色。你的老闆在惡搞你的職業生涯。隔壁的同事，在議論你在電話上談的私事。你最好的朋友滔滔不絕聊著他養的貓，弄得你身心俱疲。教會的人嫌你唱歌難聽。即使只是看新聞，那些你從沒見過的政治人物與名流的消息，也是冗長到足以讓你的牛奶凝結。

但最能牽動，也最能榨乾你情緒的人，莫過於你的家人。

跟你越親近的人，越能擾亂你的情緒。同事的破壞力比陌生人強，好友的破壞力甚至更強。不過最厲害的還是家人，能把我們逼到不惜搬到臭鼬園，就為了能有清靜日子過。

我們可以換工作，也可以搬家遠離某些朋友，但家人是趕不走的（而且往往不請自來）。我們無法選擇家人，卻必須承受家人的種種荒唐行徑。

這種情況，往往會在兩個人墜入愛河時發生。個性的差異隨著時間漸漸浮現，誰都沒預料到會有這些差異，於是關係開始上演各種鬧劇。但兩人彼此相愛，所以會努力解決問題。關係越來越深厚，兩人決定結婚。

抓狂的感覺就在此時浮現，因為兩人第一次見到彼此的家人。他們赫然發現，這一群自己沒見過的人會變成自己的姻親，往後的假日都要一起度過。他們不只是跟另一半結婚，也要加入另一半的家庭。

經過最初幾次的家庭聚會，他們越來越害怕，覺得跟對方的家人相處，就像在偷聽馬戲團表演穿插的節目。但想要關係長久，那無論是小丑還是野獸，他們都必須能好好相處。

離大喜之日越近，令人抓狂的事情就越多。兩個家庭對於婚禮與喜宴該怎麼辦，意見不同，兩個人跟家人商量到心力交瘁。有時鬧得太不愉快，他們會想：「只要撐過婚禮就好了，反正又不用跟這些人住在一起。」

大多數的情況確實是如此。但訂婚與婚禮，只是他們後半輩子的彩排。每逢假日將至，就必須擺平各方的期待。這簡直像一群小朋友在屋子裡互相追逐，你看了只覺得：「大概再過五分鐘，就有人要哭了。」

但夫妻倆的感情，在第一個孫子誕生時會面臨最大的壓力。突然間，兩邊的家族都想親近孩子，對於該怎麼養育孩子也各有看法。他們是真心想幫忙，卻常常干預這對夫妻的生活。

我的太太黛安與我剛開始在教會輔導年輕夫妻的時候，他們有時會來電表示：「這幾天能不能請你們過來喝杯咖啡？我們有問題想請教。」從他們婚姻所處的階段，幾乎都能猜中他們想問的問題：

- 如果是新婚夫妻，那多半是相處的問題（從中間擠牙膏，把衣服隨便亂扔在地上，在公開場合使用牙線等等）。
- 如果已經結婚幾個月，那大概是姻親的問題（為什麼他們什麼事都要管，為什麼老愛教人家如何當個好妻子、好丈夫等等）。
- 如果剛生下第一個孩子，那問題就是出在新手祖父母的期待（事事都要管，指定唯一「正確」的照顧新生兒方法，氣孩子的爸媽不照他們的意思做等等）。

這就像雙方的父母都說：「我們就是這樣把你養大的，看看你長得多好。你當然也要照我們的方法做。」夫妻倆違背任何一方父母的意思，都會被視為大逆不道。

無法選擇的緣分

我們無法選擇自己出生在什麼樣的家庭。我們一輩子都在努力經營與家人之間的關係，但家人並不是我們自己選擇的。會成為家人，全是因為血緣。

我們可以選擇結婚的對象，卻無法選擇姻親。我們可以不理會姻親，也可以說：「他們其實不算我的家人，是他或她的家人。」這樣想是不錯，卻行不通。跟一個人結婚，此人的家人就變成你的「姻親」，而姻親二字從字面上看來，意味著這些人在「法律上」也是你的家人。

你的兄弟姐妹、父母，以及子女結婚，你也會因為他們的選擇，而跟一群陌生人成為姻親。姻親並不是你找來的，只是命運的安排。

所以家人之間的鬧劇，比其他關係的鬧劇更讓人難受。我們知道跟其他人相處，隨時可以斬斷關係，換工作或是搬離原本的住處，關係就能結束。但對於家人，就很有可能覺得無路可逃。如果一個荒唐人在命運的安排下，突然闖入我們的人生，我們與他們之間的關係就會改變。

定義家人之間的關係，可以依據五大特徵：鄰近程度、過往、模式、感受，以及期待。

鄰近程度

我們住得離某人越近，與此人的關係就必須承擔更多要求。姻親的家要是跟我們家只相隔兩個街區，那我們要親身經歷的鬧劇，絕對比住在同個國家但相隔甚遠的情況來得多。但住得遠的姻親若是來訪，通常會停留較久，而且很有可能是住在我們家。住得遠的姻親也許希望常聯絡，但我們不見得願意。

我常常想在我們家客房的牆上放一塊牌匾，上面刻著《聖經》《箴言》的一句話：「你的腳要少進鄰舍的家，恐怕他厭煩你，恨惡你。」（《箴言》第二十五章第十七節）只是黛安覺得跟客房的裝潢不搭。

住在附近的家人則多半會住在自己的家，不會跑到我們家住。但我們大概會比較常見到他們。

抓狂事最有可能出現在自己的家。我們真心關懷近親，所以能捱過一件件的抓狂事，但近親每天都跟我們生活在同一個屋簷下。要是邀請年邁的父母或是親戚一起住，那生活就會更抓狂（無論是對家人，還是對「客人」來說都一樣）。親戚之間住得近，容易出現抓狂事，而且又缺乏近親之間堅實的情感。

過往

家人之間即使一團亂，我們從小到大也覺得正常。這是我們唯一熟悉的相處模式，也是我們唯一知道的互動模式，我們並不知道有不同的方式。多年來習慣成自然，我們認為這種模式沒問題，而且也無法改變。這種觀念，決定了我們與家人溝通的方式。

很多夫妻會和我們透露跟姻親相處的抓狂事。跟姻親相處時，他們覺得姻親溝通的模式有問題，於是義無反顧要改變這種不良的溝通模式，試圖「匡正」數十年的惡習。

舉個例子，他們跟令人搖頭嘆息的愛麗絲阿姨相處，就在腦海中重播她向來的作風，以此作為與她互動的依據。他們也許會跟她和平相處，或者不理她，也有可能防備她。或也許只跟她聊一些無關緊要的客套話，免得起衝突。換句話說，他們自己也是以有問題的模式回應。

過往帶領我們來到現在的人生，但往後的作法，並不是一定要依循過往。

模式

子女還小的時候，我們看著子女成長，也看見他們的興趣、性情，以及行為模式。過了十五年左右，我們自認為很了解子女，也清楚他們成年後會變成怎樣的人。

沒想到，子女卻是朝著全新的方向前進。這也不見得不好，只是與我們設想的不同。黛安說，這就像多年來，我們持續寫一本關於自家子女的故事書，等到子女十五歲左右，我們才把其餘的故事，包括結局一併寫完。但在接下來的幾年，子女就把我們寫的結局撕了，自己另寫結局。

子女是人。其他的家人也是人（是的，就連那個令人搖頭嘆息的愛麗絲阿姨也是）。我們可以依據他們平常的作風，判斷他們未來的行為模式，但那多半不太正確。人際關係是變動的，因為人一直在變。我們必須得知對方的言行，才知道如何因應，不可能事前預測。

感受

不健康的人際關係會帶來傷害。因為在乎，所以才會受傷。我們要是不在乎，就不會受傷。

正因如此，最在乎的人往往傷你最深。很多人陷在不健康的關係，會為了保護自己，而封閉自己的感受。某些情況確實應該這樣做，但這樣一來，傷口就不可能癒合。我們的感受，是經營一段關係的原動力。再也不在乎，就等於放棄這段關係。

期待

鄰近程度、過往、模式以及感受，最後都會形成我們的期待。我們依據過往經驗，判斷每一段關係未來可能的走向。我們認定這些假設是正確的，而對方一旦不符合我們的期待，我們就不知所措。家人之間最容易出現這種情況，因為關係越親近，你對這個人的期待就越多。

家庭保命策略

跟荒唐的家人打交道，感覺很像晚上在鯊魚出沒的海域游泳。你知道海裡有鯊魚，通常不會發生什麼事。但你也知道自己有可能被鯊魚活活吞下肚。跟家人一起生活要想保命，就要坦然接受家裡的實際情況，也要了解幾項重要概念：

一、**我沒有教導誰的義務**

我需要做好的是自己的選擇，對方也要為自己的選擇負責。我要是把教導對方的責任攬在自己身上，對方就不必負該負的責任，只會依賴我的教導。

我無法控制鯊魚的行為。我知道海裡有鯊魚，而我只能控制自己的行為。

二、**人是可以改變的，但別抱太大希望**

我們知道對方的作風，就以為對方會一直延續這種作風，不會改變。但對方也是人，所以總會有改變的希望。人會在某些情況，做出不一樣的選擇。我們不能強迫別人改變，但還是可以影響別人。

但是誰也不能保證別人一定會改變。要是指望別人改變，只會害得自己灰心沮喪。正確的回應應該是：

- 希望也祈求對方會改變

- 接受對方可能不會改變的事實
- 在我們逐漸發揮影響力、改變對方的過程中，盡量不要受到對方的負面行為影響

三、逃避並不見得能解決問題

有時候離開是最好的選擇。但在一段關係中，若沒解決自己的問題，離開等於是把未解決的問題帶往別處。所以才會有人逃離破碎的婚姻，但即使離開對方，也依舊耿耿於懷。多年後，自己的情緒仍然被對方左右，簡直要被心中的怨毒吞噬。

四、與對方溝通，而非議論對方

在背後議論他人，哪怕議論的是荒唐的家人，也叫做說閒話。遇到跟家人相處的問題，我們當然會找人商量對策。但討論人際關係，很容易一不小心就從就事論事變成火上澆油，讓不滿的情緒越燒越高。

家裡出了一個頭痛人物，全家人必須想出對策。商量對策可以，但不要跑偏，變成說閒話。理想的對話應該著重在該設下怎樣的界線，該如何因應頭痛人物的所作所為，

而不是一再訴說此人的行為有多誇張。要把討論的重點，放在引發我們感受的那些事實。

要如何聚焦在事實？就是別只是**議論**荒唐人，要跟荒唐人**溝通**。說閒話是不可能解決問題的，就事論事才能。

五、**不去拯救，也不要縱容他人**

我們在人生中做出的選擇，自然會引發某些後果。下雨天站在外面，就會淋溼。吃太多體重就會增加，搶銀行就會坐牢。要是不必承受惡果，我們就沒有改變的理由。

有時候荒唐人惹是生非，我們會出手拯救：十幾歲的年輕人把錢都拿去聽演唱會、買電子產品，沒錢給車子加油，所以不能開車去上班。我們知道他要是不去上班，就會失業。我們不希望他失業，於是勸他理財要謹慎，也幫他把車子加滿油，希望他以後會做出更好的選擇。但他沒有承受苦果，所以沒必要改變。

通常說教或是懲罰，都不如讓對方自行承擔苦果來得管用。

所以對待荒唐的家人，跟對待荒唐的外人是不一樣的。無論我們喜不喜歡，都甩不開荒唐的家人，而我們雖然知道他們大概不會改變，還是可以盡力影響他們。就算他們不改變，只要我們不替他們承擔後果，就不會受到他們的荒唐行為影響。

我們還是在乎這些家人。但與其懲罰或是說教，還不如乾脆讓他們自己承擔決策的後果。他們要是苛待或謾罵別人，當然就要面對關係破裂的後果。

改變的基本原則

我們能不能改變荒唐人？不能，我們不能強迫任何人改變想法與做法。但我們還是可以影響別人。

有希望嗎？有的。但誰也無法保證。我發現上帝不會放棄任何人，而且我們的人生是由上帝掌握。我們要關懷別人，把人生交給上帝，別讓自己受他人的選擇影響。

這怎麼可能做到？以下是我們目前歸納出的道理：

- 要是指望別人會改變，就會失望。
- 我們的態度不應該受到別人的行為左右。
- 如果沒有解決問題，只是逃離現狀，還是會將問題帶往別處。

• 別人的觀點與我們不同，而且每個人都認為自己是對的。
• 指望是痛苦的根源；期盼才是療癒之道。

我們若是無法改變別人，就要懂得改變自己。

第三部分

改變自己

第7章

為什麼大家不能跟我一樣？

阿基姆是我在研究所的同學。他是第一次來美國，也是頭一回離開家鄉非洲。他的語言能力極佳，學業名列前茅，交際與交友的能力也是一流。

最初的幾個禮拜，他很高興能展開新旅程，但很快他就開始想家了。幾個星期下來，他似乎越來越憂鬱。這很不可思議，但他自從抵達美國，始終沒收到親朋好友的問候（當時是一九七〇年代中期，還沒有電子郵件與即時通訊）。

後來有一天，他拿著一個大包包，臉上帶著燦爛的微笑，歡欣雀躍地走進教室。他總算收到家鄉寄來的一箱東西，裡面裝滿親朋好友寄來的信件與美食。大包包裡裝著他最喜歡的零食，他特別帶來與同學分享。那是一百隻油炸黑甲蟲，每一隻大約五公分長，是他的母親特地為他準備的酥脆美食。他吃起來像啃洋芋片一樣。

我們都為他開心，但他要一個人吃掉全部一百隻。

我們覺得他簡直不正常，也無法想像能有人吃下那麼大的黑色昆蟲。但他也常常說起他無法理解的美國文化，例如他就無法理解，美國人為何要種植草坪，又修剪草坪。他說：「在我們的國家，連種植食物所需的水都不夠。你們美國人卻種植一整個院子，要澆水還要照料，收割了以後……又丟掉。我真搞不懂！」

說得好。我們習慣了自己的文化，覺得那是正確的。看見別人的生活，就覺得別人要是能仿效我們的生活，會比現在快樂得多。但生活方式其實沒有對錯，只是不一樣而已。別人的生活只是不符合我們的設定點，我們才覺得不自在。

我們不一樣的不只是喜好而已。**每個人**都是獨特的。我們在自己的設定點最自在，以為別人要是跟我們一樣，仿效我們的作風，就會更自在。

外向的人認為內向的人要是外向一些，就會更快樂；內向的人卻認為外向的人應該沉著一些，多思考。誰才是對的？

唐娜與菲爾很喜歡他們的幾位朋友，但私下卻覺得每一位都有需要「改進」的地方：

- 莎拉個性文靜，從來不招惹別人，也不太說心裡話。難得說出心裡話時，她說的都是金玉良言，但要她說出這些話，卻是比登天還難。唐娜與菲爾都說她是「無可救藥的客套」。
- 湯姆總是杞人憂天。唐娜與菲爾很喜歡跟他相處，問題是他看事情的角度總是很悲觀。他自認為這叫做務實，但他們都覺得他要是懂得放輕鬆，會更快樂。
- 有巴瑞與琳達在，就絕無冷場，但也很考驗別人的耐心。他們能炒熱聚會的氣氛，即使獨自一人，也能滔滔不絕說個不停。他們活潑、外向，充滿活力，是標準的派對動物。而唐娜與菲爾走出巴瑞與琳達的家時，還得暫停一下，享受寧靜的片刻。

我們在自己的設定點最為自在，當然就會認為別人在我們的設定點也會自在。**但其他人看待我們，也是這麼認為的。**

天生不一樣

每個人都不一樣，而這並沒有錯。雖說人人都一樣，世界也許會更和平，但上帝並不想把每個人都創造成一樣。正如大自然有多樣性，人類也有多樣性。

人際關係之所以會爆發衝突，通常不是因為我們的相同之處，而是那些不同之處。想像一下，去聽一場交響樂音樂會，卻發現全團只有小提琴。沒有銅管樂器，沒有打擊樂器，也沒有木管樂器，就只有小提琴。小提琴是可以奏出迷人的樂音，但音樂會要是沒有其他樂器，我們很快就會聽膩。

我們之所以愛聽音樂會，是因為有各種聲音融合。管弦樂團由多位樂手演奏多種樂器，奏出的樂音不是任何一種樂器可以比擬的。但在管弦樂團演奏的過程中，你仍可聽見個別樂器的聲音。這是多樣性的統合，是刻意造就的不同。

出現在我們人生中的眾人，就像管弦樂團。他們個個都是獨特的，也一起在我們的人生樂曲中，增添豐富的元素。這些人有些荒唐，有些則會帶給我們能量。每一位都能奏出獨特的「聲音」，多元的聲音也能融合成一首交響曲。

荒唐人就像是失控的低音號，完全不管樂譜，只顧著吹奏自己的調，還蓋過管弦樂團的其他樂手。只聽得見厲聲刺耳的低音號，整場音樂會就等於是毀了。那麼該如何控制低音號？

往後的幾章會談到這個問題，不過還是有個基本原則可以依循：**低音號永遠會是低音號**。我們不可能把低音號變成長笛，只能把它當成低音號對待。

我們跟荒唐人打交道，並不能改變對方的性情。無論我們喜歡不喜歡，對方就是如此。硬是想改變，只會讓自己失落。

我們可以影響別人的行為與選擇，卻不能改變別人的性情。「豹豈能改變斑點呢？」（《耶利米書》第十三章第二十三節）顯然答案是「不行」。硬要一個內向的人外向，就像要黃金獵犬變成蜘蛛猴。就算很理想，也不可能實現。

唐娜與菲爾的朋友莎拉會一直文靜下去，所以他們要發揮創意，才能了解她內心的想法，也許是在輕鬆的氣氛下共進午餐，或是互通電子郵件。湯姆可以學會不要那麼杞人憂天，但他敏感、喜歡分析的個性很難改變，遇到任何情況都會留意細節。巴瑞與琳達永遠都會是外向又愛交際，但在好友的影響之下，他們也能懂得觀察社交對象的反應。

我們若想影響他人，該重視的是他們的行為與態度，而不是他們的性情。

與自我共處

我們無法改變別人天生的性情，但也必須接受自己天生的性情。我們可以改變自己的行為與態度，但天生的性情是DNA的一部分。

我記得幾年前看過一項研究，研究團隊詢問一百位好萊塢名流一個問題：「若你能改變自己的特質（身高、外型、個性），你是否願意改變？」一百位名流一致表示願意。

這一百位名流，是大家都想仿效的「完美」人物。很多人覺得若能擁有他們的外貌，能跟他們一樣，人生就很完美。但這些名流個個都有想改變的地方。

健全的關係是以事實為基礎。我們想跟荒唐人好好相處，首先就要跟自己相處。要分清楚自己有哪些地方能改變，哪些地方又不能。能改變的地方就要積極改變，無法改變的就要接受。

強迫改變的高昂代價

一九九九年，蓋洛普（Gallup）研究人員柏金漢（Buckingham）與考夫曼（Coffman）研究企業經理人如何訓練人才。傳統的觀點是當主管的要考驗員工，了解員工的長處與短處，再針對短處加強訓練，讓員工得以跟上企業的腳步。多年來，為了讓員工具備同等的能力，企業耗費了不少精力與金錢。

他們發現訓練他人克服自身弱點，有個很大的問題：**不管用**。員工經過訓練會表現得更好，但也不可能樣樣都精通。他們的研究發現，每個人都有**天生固有**的獨特優勢，也有**天生不在行**的領域。之所以對某些領域不在行，並不是因為沒受過訓練，而是因為性情不適合這些領域。是可以訓練，但再怎麼訓練，弱點也不會變成優勢。

這項研究的結果簡單又合理，卻也很驚人，同時衍生出三個階段的管理策略：

一、要了解，也要珍惜每個人的獨特特質，包括與生俱來的優缺點。

二、要讓員工發揮所長。

三、要針對員工的專長訓練，好讓他們精通天生擅長的事情。[1]

換句話說，要讓他們做自己，而不是把他們變成全都一模一樣。

順應個人特質

經營人際關係的第一步，就是要了解，也要接受每個人的獨特之處。我們要思考如何因應，以及如何影響他們的行為，但也必須考量他們天生固有的特質。

比較難做到的，是珍視我們自己的獨特之處。每個人都跟好萊塢名流一樣，有想改變的地方。某些地方可以改變（態度、選擇、習慣），但性情是無法改變的。性情是與生俱來的，會伴隨我們一生。執意想改變無法改變的事情，人生就會只剩下灰心失望。

假設我們跟某人談話，對方迅速表達自己的觀點，而且有條有理。我們覺得很困擾，怎麼每次都是對話已經結束半小時了，自己才想到該怎麼回應。我們心想：**真希望在對話的時候，就知道該怎麼說，給出強而有力、有理有據的回應。我老是覺得不管談什麼，他都會贏。**

這也是我多年來的困擾。在談話的當下，我總是不知道該如何回應。我會刻意避開衝突，因為我知道一旦遇到衝突，就會感覺自己被逼入牆角。我常常希望自己在談話當下，就能變得更積極主動、思考更敏捷。

但我發現我與生俱來的個性並非如此，也永遠不可能會是如此。我個性內向，是所謂的「內部處理機」。我會先從對話接收資訊，再獨自消化聽見的內容，稍後才能有條有理回應。

大多數的內向人都是如此。內向人會仔細聽對方說話，稍加思索，需要較久才能想出該如何回應，但回應的內容通常都是經過深思熟慮，也有一定的深度。

這是我想出來的回應：「好，我在聽，我專心聽你說。你的觀點很有意思，我需要一點時間思考才能回應。我過兩天回覆你。你說的事情很重要，我應該好好思考再回答，我也不想隨便回答。我會把我的想法寫下來，寄電子郵件給你，然後我們再談。」

如此回應就能處於優勢，而非居於劣勢。即使我無法在談話當下快速思考，也不必感到沮喪。我的優勢是深思熟慮，而這有可能是另一個人的劣勢。我接受自己的性情，即使遇到最荒唐的人際關係，也能妥善處理，而不會感到害怕。這並不代表對方就會改變，而是我不必因為對方獨特的特質，而自覺矮人一截。

全心接受自己的性情，以及其他人的獨特特質，就能將抓狂事的負面影響降到最低。

關於性情的注意事項

懂得接受每個人的獨特特質（包括我們自己的），並不代表就能躲開別人惹出的抓狂事，也不代表就一定要認同別人的觀點，或是只能不理會別人的行為。這意味著，我們的出發點是真誠的。只要我們能接受別人天生的特質，就能以正確的方式互動。

以下是在過程中應當注意的基本原則：

- 要將別人的行為與性情分開來看，要接受別人的本質，也要因應別人的選擇。
- 接受別人的性情，並不代表放任對方越發荒唐，而是了解對方的真實面。
- 一個人的性情沒有所謂的對錯，但行為、態度與選擇，卻有可能錯得離譜。別人多年來都是如此選擇，所以我們很難改變。我們無法保證別人會做出正確的選擇，但還是可以決定如何回應別人的選擇。
- 我們很容易以為，只要對方改變，一切就會更好。但亂象之所以發生，跟我們自己的盲點也脫離不了關係。我們必須自省，要了解自己人生不足的地方。

• 問題並不在於這些人是低音號，而是在於他們如何演奏。

「為什麼別人不能跟我一樣？」因為別人不是我們，我們也不是別人。每個人都是上帝獨一無二的作品。在荒唐的人際關係中，要想有療癒的希望，首先就要了解自己與他人、盡力影響他人，也要接受無法改變的事情。正如美國神學家雷茵霍德・尼布爾（Reinhold Neibuhr）的禱言：「求上帝賜我平靜的心靈，讓我得以接受我無力改變之事。賜我勇氣，讓我得以改變我能改變之事。賜我智慧，讓我得以明辨兩者。」[2]

第8章 情緒的能量

你今天會見到你認識的荒唐人。也許她要參加你們家族的聚會。也許你會在每個禮拜見面的小團體見到她，或者你非得跟她通電話。也可能是你要去上班，而她就在你隔壁的隔間。

一分鐘接著一分鐘過去，你的心中逐漸泛起一種輕微的恐懼感。當然，這次對話也有可能是一團和氣，但你跟此人交手過，她很清楚該怎麼把你惹毛。

你心想：「今天不一樣。我不會被她激怒。」你下定決心，在心中演練該如何跟她打招呼。你覺得無論她的態度有多誇張，你都不會失控。**她贏不了的**。

但她還是贏了。你們才聊了三十秒，她就隨口挖苦了一句，一刀刺中你的靈魂。你的怒火越燒越高，很快逼近最高點。你克制自己，什麼也沒說，卻很希望這時能有一台鋼琴從天而降，把她砸死。你覺得敗下陣來，因為先前的決心被她打亂，局面又在她的掌握之中。你被情緒左右，整個人猶如提線木偶，被這個荒唐人操縱。

如何擺脫情緒？

遇到這樣的狀況，我們常覺得無能為力。努力再多次，還是覺得無法控制情緒。我們只覺得納悶，為什麼自己的情緒如此容易被荒唐人操縱、搗亂。

我們心想：「要是能直接關閉自己的情緒該有多好。如果能不那麼情緒化，就不會那麼難受了。」

從基本面看，確實是這樣沒錯。但我們之所以會情緒激動，是因為我們在乎。要是不在乎，情緒就不會是問題。

越是親近的人，越有可能影響我們的情緒。總統的荒唐決策，困擾我的程度不如家人的荒唐決策嚴重。越是親近的人，越會勾起我們的情緒。我們沒必要為了自己無力控制的事情而暴怒，但在親密關係中，情感永遠是連結的一部分。

情感是上帝的恩賜，將我們的人生點綴成色彩繽紛的傑作。沒有感受的人生乏味得很。

醫生常開抗憂鬱藥物，給人生陷入「低潮」的病患。抗憂鬱藥物確實能讓病患適應人生的起伏，但常見的副作用之一，是病患的情緒再也不會有「高點」。藥物會淡化病患的情緒，讓他們再也感受不到大悲大喜。

感受是人際關係的燃料。就像身體要燃燒卡路里，才能提供活下去所需的能量，感受則是經營人際關係所需的能量。我們在感受的驅使之下採取行動，將人際關係經營到心中的理想境界。這有點像是疼痛。疼痛越劇烈，我們就越想了解疼痛的起因，然後解決問題。

差異在於我們如何處理自己的情緒。每一段關係都會有壓力，迫使我們離開設定點。在不健全的關係中，雙方都認為問題是出在對方身上，任由壓力不斷累積，因此漸行漸遠。

而健全的關係裡，雙方會凝聚在一起，將壓力拒於門外。他們認為問題是出在壓力，而不是對方，所以會攜手合作，共同面對問題。

問題並不是出在燃料，而是燃料在哪裡燃燒。木頭在壁爐燃燒，能帶來溫暖，但若是在森林燃燒，那就會是一場災難。

反應vs.回應

但凡發生了讓我們脫離設定點的狀況，我們就會感受到情緒。這種感受沒有好壞之分，純粹就是「這樣」。我們自然而然會有反應，反應本身並不是問題。問題是出在我們的回應。

反應是我們的感受，回應是我們的行動。反應是自動產生的，回應則是我們的選擇。

我們收到讓自己不悅的電子郵件，大概會覺得生氣。第一個念頭是立刻回信，表達內心的感受。但你可曾在盛怒之下立刻回信，又不小心按到「傳送」，結果卻後悔自己這麼做？接著煩惱該如何闖入對方的辦公室，找到對方的電子郵件信箱密碼，趕在他看見之前把信刪除。

憤怒是自然會有的反應，但關鍵在於如何因應憤怒的情緒。與其立刻回覆，不如先用一兩天消化自己的情緒，深思熟慮後再發出合宜的回應。

別人對著我們大吼大叫、責罵我們，正常的反應會是怒罵還擊。但這樣做只會讓對方更生氣，對話也只能不斷向下沉淪。

「回答柔和，使怒消退。」（《箴言》第十五章第一節）雖然我們覺得自己很受傷，很想破口大罵，但還是可以選擇另一種較為柔和的回應。只要有人拿走一些燃料，火就很難繼續燒下去。

想像一下，兩個人面對面站著。兩人都把雙手伸向前，用力推對方的手。既然兩人都在推，雙方就會一直站著。但若是一方後退、停止施力，另一方就不能再推，否則就會臉朝下摔倒在地。

情緒的特質

你可曾跟一個憤怒的人講理？我們無法勸說別人，也無法勸說自己脫離情緒。把感受放在心裡，就像把一堆氣球按在水裡。看似控制住了，結果其中一個氣球卻浮上水面。

情緒的影響，常發生在人們進行重大消費的時候，例如購入新車。我們都認為自己對決策的考量很理性：安全性、油耗、實用程度。然而研究證實，我們的購買決策卻是受到情緒主宰：駕車時的感覺、其他人會有多羨慕，或我們多喜歡車子的顏色。一旦決定購買，我們就需要一些理性的理由，來證明自己的決策正確。我們明明是因為車子是紅色的才買，卻相信自己是為了安全起見而購買。

感受總會出現。不予理會，或是假裝它們不存在，都是很危險的。硬吞下的情緒會一直停留在心中，越演越烈，就更不可能妥善處理了。例如堆積在心中的憤怒，就會導致憂鬱、頭痛等身體症狀。

我們都認識一生氣就要大吼大叫，過幾分鐘又平復情緒的人。好處是他們得以發洩情緒，壞處則是身旁的人不是要閃避砲火，就是得委曲求全。

要處理強烈的情緒，還是有更理想的方式。在坦誠的人際關係中，強烈的情緒應該要能宣洩，而不是只能鬱積在心中。但勃然大怒並不是發洩情緒的唯一辦法。先深思熟慮，再明確說出自己的感受，同樣能發洩情緒。

我上週末跟兩位孫女一起玩拼圖時，就沒做到這一點。我負責拼圖的邊緣，艾琳娜（四歲）在拼好奇猴喬治，艾芙莉（六歲）在拼戴著黃帽子的男人。我才剛整理好邊緣是直的拼圖片，打算放進拼圖裡，艾芙莉卻把有黃色的拼圖片全都拿走。她幾次的舉動都是對她自己有利，卻讓她妹妹和我更難完成。

我當然疼愛兩位孫女，卻越來越無法接受艾芙莉的行為。但我什麼也沒說，只是閉口不言，也不繼續玩（我向來很擅長抽離）。艾芙莉說：「爺爺，你怎麼不玩啦？」我說：「我看妳們玩就好。」她說：「可是我不想全都自己做。」我暗示她我的感受：「呃，妳把我的拼圖片都拿走，我要怎麼玩？我還是看妳們玩就好。」（一個成年人這樣回應算不算好？）

我很快就又加入，幫著她們一起拼圖。但一連幾個小時，我都不太自在，因為我並沒有坦率表達自己的想法。雖然沒有對著她大吼大叫，但我硬吞下了自己的情緒。這對艾芙莉和我都沒有好處。

最後，我們坐在露台的鞦韆上聊這件事。我說：「艾芙莉，剛才拼圖的事情，我應該向妳道歉。我把邊緣的拼圖片整理好放在一邊，卻被妳拿走，我覺得很難受，還有點生氣。但我當時沒跟妳說，就只是不玩了，而妳也不清楚原因。我不該這樣做，對不起。把自己的想法說出來真的是太好、太棒了，這樣才能知道彼此在想什麼。相親相愛的人都會這樣做。」

她說：「好，那我們現在能不能再玩一個拼圖？」

我想，成年並不代表我們就能妥善地把事情處理好。

管理思維與情緒

想控制情緒，關鍵在於管理自己的思維。情緒就是來自思維。我如果覺得你對我生氣，那這個念頭會在我心中引發各種相關的感受。而你要是根本沒生氣，那我的情緒就是來自自己的想法，而不是基於事實。

有位牧師曾對我說，一位女士打電話給他，說自己傷心欲絕，因為牧師生她的氣。牧師大吃一驚，因為在他的印象中，他上星期天根本沒跟這位女士說過話。原來是那天他在禮拜結束後，與一大群人擦肩而過，女士就在人群之中，而牧師沒有像平常那樣跟她打招呼。事實是牧師那天根本沒看見她，但女士卻覺得牧師存心不理她，還一直猜測原因。那天過後的幾天，她越想越不安，於是認定她與牧師的情誼徹底破裂。

這位女士如何才能改變想法？要把實話說給自己聽。「牧師今天沒跟我打招呼。」（這是事實。）「這就奇怪了，牧師向來對我很和善，總是幫我加油打氣。今天會這樣，一定是發生了我不曉得的事。牧師可能是生氣，也有可能只是沒注意到。這不像他平常的作風，但我實在不清楚是怎麼回事。也許我該寫封信幫牧師加油打氣，問問是不是出了什麼事。」

沒掌握全部的事實，就認定自己的感受一定正確，很容易出錯。當有人挑動我們、讓我們感受到強烈的情緒，就要提醒自己停下來，分析自己的想法，看看究竟是假設，還是有事實根據。情緒激動再加上思緒混亂，就很容易執著於問題，而非解決方案。要正確思考，才能有合宜的情緒。

莎士比亞曾說：「沒有好壞之分，全是思想使然。」[1] 歷來也有不少作者呼應這樣的想法。就連《聖經》也有三百多處提及「思考」，例如「因為他心怎樣思量，他為人就是怎樣。」（《箴言》第二十三章第七節，《新美國標準聖經》）。

過程是這樣的：

一、事情發生。

二、我們思考發生的事情，解讀其中的意義。

三、我們認為自己的想法與解讀正確。

四、這些想法衍生出一些感受，也驅使我們行動。

問題出在第二步，這就像情緒之路上的岔路。我們認定的想法，決定了情緒的走向。

考慮周全的解決方案

那我們要如何解決思考的問題？可依循四個步驟：

一、**留意自己的想法**。情緒激動的時候，應該停下來想想自己的想法究竟是假設，還是有事實根據。

二、**留意自己吸收的資訊**。我們看的、聽的、讀的，還有說話的對象，全都是我們想法的素材。我自己的習慣，是開車的時候不聽談話性電台節目，因為被別人的意見轟炸太久，自己一整天的態度難免受影響。

三、**要知道我們可以改變自己的想法**。不見得要一直受一時的感受影響。

四、**要主宰自己的想法，而不是被牽著鼻子走**。我們可以用好的想法取代不好的想法。我們不能只決定「不要有不好的想法」，而是要積極以好的想法取而代之。

我們可以用什麼樣的想法，取代不好的想法？真實的，高尚的，對人生有益的，值得信任的，鼓舞的，欣慰的，興奮的，耳目一新的，有前景的，有希望的。滿懷這些想法，用它們取代不好的想法，心靈就有**平靜**的可能。

第9章

健全人際關係的七大特質

選一個你人生中最荒唐的人，好好想想這個人。這樣做也許很難受，但這個人大概已經佔據你的心頭。荒唐人總是停駐在我們的潛意識中。

你所選的荒唐人，大概就是你在這本書的第一部分想到的人。正如你在先前讀到的，你保持開放的態度，運用先前介紹過的概念：

- 你思考真確的事實。
- 你審慎回應，而不是想都不想就做出反應。
- 你判斷在這個情況中，哪些是你可以影響的，哪些又是你無力控制的。
- 你分析人際關係的真實動態。

- 你了解如何影響他人，但不強求他人改變。
- 你已經見識過荒唐家人的獨特特質。
- 你知道如何發揮自己的獨特之處，也知道如何看出其他人的獨特之處。
- 你已思考過控制自己情緒的可能性。

但你還是擔心不管用。儘管付出那麼多心力，你還是不指望荒唐人能改變。這很有可能發生。在人生中，我們會遇到許多讓我們脫離設定點的荒唐人。但我們快樂與否、安全與否，不應該取決於他們是否繼續荒唐。如果非要把所有的荒唐人整頓好，才能過上好日子，那只怕一輩子都忙不完，一輩子都被別人的荒唐行徑影響。

想要永遠不受荒唐人影響，感覺像是痴人說夢。但要注意一個重要的觀念：**我們也許擺脫不了這個人，但絕對可以不被此人禍害**。就算對方不改變，我們也不必被對方的荒唐行為挾持。

改變帶來自由

集中營倖存者維克多．弗蘭克（Viktor Frankl），有句話說得最為貼切：「我們無力改變狀況，就必須改變自己。」

我們不能只是認定荒唐人不會影響到自己。這樣想只是在考驗自己的意志力，等到心力耗盡就撐不下去。我們該做的是努力經營自己，並不是裝作沒事，而是成為無論別人怎麼說、怎麼做，都**不會有事的**人。

換句話說，我們把重點從改造別人，轉變成改造自己。我們把心力用於發展健全的性格特質，就能打好健全人際關係的基礎。

改變自己有兩項好處：

一、無論別人做什麼，我們都能控制自己的情緒。

二、別人對我們的回應也會有所不同。

第一項好處是最重要的，也是接下來的幾章要討論的主題。第二項是第一項帶來的額外好處。我們真正改變，別人對我們的回應也會改變。別人的回應可能正面，也有可能負面，但總會不同。

我們應該都能想到某人改變、而我們又如何回應的例子。我們也不知道他們為何改變，只是發覺他們不像平常那樣常常生氣，回應的方式比較友善，或是更能控制自己。起初，我們還納悶他們是怎麼了，又能維持多久。後來發現他們很久都沒有故態復萌，我們就開始研究改變的原因，最後意識到他們已經改變，而且應該再也不會回到從前的狀態。他們有所改變，我們對他們的看法也隨之改變，彼此的互動也因此不同了。

某種層面來說，他們已經變成了不同的人。我們與他們互動，面對的已經不是原本的他們，而是不同的人。

多年前，我的一位同事以自大自私聞名，總是機關算盡、為己牟利。他說話還算客氣，就是喜歡在背後說人壞話。誰都不信任他，因為總覺得他會在背後批評自己。有一天，我聽見他稱讚一位同事，著實嚇了一跳。他肯定那位同事處理某事的能力，也坦言換成他自己，恐怕難有如此好的表現。他如此反常的表現，讓我頗為驚訝。

我把他的話告訴被稱讚的那位同事，同事的回應是：「真的假的？他怎麼會說這種話？」

接下來的幾個禮拜，原本愛批評人的同事稱讚別人的次數增加，越來越少說別人的壞話。大家都起了疑心，覺得他是刻意改善自己的形象，沒想到他後來一直如此。誰也不知道他為何改變，但他確實變得更好相處了。

他之所以改變，是因為在訓練課程中恍然大悟，並且逐漸了解自己缺乏安全感的問題。他以為唯有貶低別人，才能抬高自己。發現自己的問題出在哪裡後，他開始徹底改變自我知覺。他努力改變自己，周遭的人也受到影響。

我們的所作所為必須值得他人信任，才能擁有他人的信任。徹底改變內在，對外與他人的互動就會改變，而別人也會察覺到我們的改變，並給出不同的回應。這並不能保證一切會更好，或人際關係的裂痕就能癒合。但一旦我們改變，就會成為不一樣的人。其他人是跟「新」版本的我們互動，而不是跟他們習慣的舊版本互動。

我們的目標，是做好自己應做的，不必在乎其他人的反應。如此一來，跟荒唐人打交道時，就不會陷入受害者心態。

由內而外改變

我擔任牧師以及在企業工作，至今已有三十多年。三十多年來，我每天跟不同的人互動，包括一對一以及團體，所以我得以觀察人與人之間的互動，以及人際關係的動態。

有時候我所來往的對象，彼此已認識多年。有時候我的聽眾則是一群初次見面的陌生人，只是那天一起參加講座。

無論是哪種情況，總會出現至少一位荒唐人。團體情境中的荒唐人會搗亂、挑釁，蓄意操縱討論的方向，或是問不該問的問題。一對一情境中的荒唐人，則純粹只在乎自己的需求，不在意其他人。想找荒唐人，通常都不會找不到。

我跟別人說起他們人生中的荒唐人，聽到的回應不外乎以下兩種：

- 他們的人生被荒唐人搞砸，他們希望荒唐人能改變，不然自己就要瘋了。
- 他們的人生是有荒唐人，但自己並不會被荒唐人左右。

多年來，我都在研究不受荒唐人影響的第二類人。我想知道他們是用了哪些方法或是心理妙計，才能不受荒唐人影響。但我發現原來不是什麼妙計，而是集中心力去影響真正能影響的：自己。

在研究的過程中，我發現他們努力改變自己，同時也發展出七項重要特質。有很多種內在的力量，都能鍛鍊一個人的性格，但這七項特質，向來是他們能與其他人相處愉快的關鍵。在接下來的幾章，我們會一一討論，以下先概略介紹：

謙卑

很多人不是過於自大，就是太過自卑，只看見自己的優點或缺點。所謂謙卑，意思是對自己有正確的評價，接受真實的自己，懂得欣賞自己的獨特之處。

我們對其他人的看法也很容易偏頗。我們只看見荒唐人的荒唐行為，看不見他們人生的其他面向。我們必須認清真實的他們（還有自己），否則只能永遠受他們影響。

快樂

人生充滿起伏。健康的人能接受人生的起落，能享受好時光，也不會被低潮擊潰。

所謂快樂，意思是懂得欣賞正面的人生經歷，也能領會低潮的意義。快樂就是無論遇到何事，都能正向以對，務實面對。

有位攝影師朋友告訴我，多雲的日子最適合拍攝花卉。陰暗的背景，會與鮮豔的花卉形成強烈的對比。若沒有這樣的對比，只會拍出一團暗暗的東西。

觀點

有些人遇到任何事情都抓狂，總是負面思考，以別人的所作所為為己任。但這樣想只會讓自己深陷在抓狂事中，無法自拔。

健康的人知道哪些事情該做、哪些不必做，哪些才真正重要。正如那句膾炙人口的箴言：「要慎選戰場」。放下匡正他人的執念，心靈才會平靜。

耐心

生活在分秒必爭的社會，很難經營良性的人際關係。我們習慣了張力十足的電視節目，六十分鐘外加十檔廣告，就能給出一個可以接受的結局。情緒平和的人知道，雖說改變是可行的，但無論改變的人是誰，都不是一蹴可幾。我們越能接受這個現實，就越不會失落。在人際關係中，與其擔心不確定的未來，不如擁抱當下，從當下的現實找到快樂。

寬厚

寬厚常被視為是弱者，而非強者的表現。其實寬厚是人際關係的潤滑液，能將人與人之間的衝突降至最低。寬厚若是淪為強迫其他人改變的工具，就會失去力量，但若是作為與其他人互動的基礎，就能通向自由。該抗衡的時候還是要抗衡，但我們可以以寬厚抗衡。

正直

很多人做決定，都是以避免痛苦、尷尬為前提，選擇的是好走的路，而非正確之道。但若是沒有基本的道德準則，就不會有真誠的人際關係，破裂的關係也無法癒合。展現個人的正直，別人就會信任我們，缺乏信任所引發的種種抓狂事也就不會發生。

正直是我們獨處時的真實自我，是內在的想法與外在展現給他人看的表現達成一致的狀態。

信念

有個古老的笑話，是一對夫妻說：「不可能離婚的。殺人也許可以，但離婚絕對不行。」在社會上，我們認為很多人一旦陷入困境，就會逃之夭夭。所以在困境中不離不棄、堅持下去的人，才會對人際關係有如此大的影響力。並不是說永遠不能離開，不過對一個健康的人來說，逃避是萬不得已的選擇，而不是衝動之下的舉動。心態健康的人知道，人際關係只要有堅持下去的信念，就必然會有好的結果。

這七項重要特質，並不是有必要時才展現的行為，而必須成為我們人生的一部分。無論荒唐人如何對待我們，我們都能以理想的方式回應。只要具備這七項重要特質，即使面臨壓力，我們真正的性格也不會消失。

成就理想關係的品格

如果自己缺乏這些性格特質，我們就很難想像，這些特質真的會成為生活的一部分。幸好這些特質都是可以養成的，完全有可能培養。

這並非一蹴可幾，畢竟我們也不可能吃一顆藥丸，隔天早上起來就病痛全無。這些性格特質並不是我們能刻意表現的。關鍵不在於我們的行為，**而是我們的品格**。

接下來的幾章，就要探討這段旅程。我們要探討，當人生迎來新的變化時會是怎樣的情景，並預見自己將成為怎樣的人。我們與荒唐人打交道會更有把握，而不會受其影響。

上帝不見得會把你生命中的荒唐人趕走。但我們若改變自己，看待荒唐人的角度也會不同。我們會掌握解鎖理想人際關係的鑰匙。

第10章

第一項重要特質：認清自己

你明明設定好了鬧鐘，卻沒有響。現在你只有不到半小時的時間可以準備，於是你連忙下床，還撞到腳趾。今天早上的會議絕不能遲到，所以你匆匆淋浴，開始穿衣，卻發現你打算穿的衣服，還在洗衣籃裡。你選好另一套衣服後，隨手抓了穀麥棒當早餐，接著又忙著找鑰匙，卻找不到。好不容易找到，車子的電池又沒電了，因為車內的燈亮了一整晚沒關。

遇到這種情況，你會對自己說什麼？

你可能會說：「我真夠蠢的，竟然沒檢查鬧鐘，又忘了洗衣服，昨天晚上還忘了關車門。現在要遲到了，偏偏還在這一天遲到。我老是搞砸，日子過得亂七八糟的⋯⋯」

聽起來是不是很熟悉？大多數人都有個毛病，就是從過於情緒化的角度評估自己。

在類似這樣諸事不順的日子，我們會狠狠責怪自己，罵自己又懶又蠢，日子過得一團亂。要是無法克服這種情緒，一整天只會每況愈下，做任何事都會受這些想法影響。

問題在於，我們認定的觀點是基於情緒，而非事實。若無法認清自己，就不太可能控制這些情緒。

如果對自己陳述事實，剛才那番話就有可能變成：「我今天要參加一場重要的會議，但要遲到了。實在很可惜，尤其我昨天晚上如果稍微當心一些，今天就不會遲到。我有所疏忽，所以今天一開頭才亂烘烘的。我心情很糟，真希望這個情況沒發生。但是我既不笨，也不懶，我的日子也不是一團亂。我是個很好的人，只是昨天晚上有所疏忽，以後我會更小心。」

這就是認清事實會有的想法，即使搞砸，也不會批評自己的性格。是研究自己的作為出了什麼問題，而不是認為自己有問題。出了狀況仍然會情緒激動，但還是會冷靜下來，辨別正確與不正確的想法。

這就是**謙卑**的精髓。很多人誤以為謙卑即是軟弱，是為了避免衝突而一天到晚退讓。但在人際關係中，謙卑其實是件好事，**代表是依據事實，而不是因一時的情緒評斷自己與他人**。

坦誠相待

跟某人交談時，你希望留給此人好印象。此人也許是你未來的老闆、一位新朋友，或是你鼓起勇氣結識的講者。談話很順利，你也很開心。但稍後，你看見鏡中的自己，發現牙齒縫卡了一大塊菠菜。你知道對方一定早就看見了，只是一直沒說。

對方要是說出來，八成會很尷尬，也會覺得不自在。但你應該寧願聽到實話，才能採取措施、解決問題吧？

謙卑的真諦是認清自己，不高估也不低估自己。我們對自己的評價若是不正確，就無法擁有健全的人際關係，因為缺乏事實根據。

看待彼此也是如此。拿自己與其他人比較，會覺得自己不如別人，或是別人不如自己。要是覺得自己不如人，就會有自卑感；要是覺得對方不如自己，就會有優越感。這兩種扭曲的觀點，害我們無法坦誠與人交流。

比方說，一個人不肯面對自己財務狀況不佳的事實，不去分析自己的支出與儲蓄習慣，而是繼續購物、花錢，妄想情況會變好。如果這個人不去了解實際的財務狀況，就永遠無法解決真正的問題。

良好的人際關係總是以**事實**為基礎。所謂謙卑，就是認清自己，也認清別人。

以謙卑接近真相

我們很容易犯了依據感受，而不是依據事實來經營人際關係的錯誤。荒唐人以前冒犯過我們，我們就會只看此人荒唐的那一面，並認定自己是對的。跟荒唐人相處實在難受，所以我們採取下列的其中一種行動：

- 迴避荒唐人。
- 迴避不了就假裝沒事，免得惹荒唐人生氣。

但這兩種作法都不坦率，而且只會延長這段關係所帶來的痛苦。我們不可能永遠避開某人，總是假裝也會弄得自己精疲力盡。

凱莉以為自己懂得跟荒唐人相處：別人對她不高興，她就會主動接近對方，了解自己錯在哪裡。她覺得自己做得對，畢竟是改正自己的缺點。但這樣做其實是自豪而非謙卑，因此並不健康。

即使不覺得自己有錯，她也總是希望別人原諒，努力彌補。在不知不覺間，就有了這樣做的自豪感。她覺得自己主動修復關係，所以自己的為人比對方好。但她只顧著求和，卻始終沒處理對方的過失，只是忍氣吞聲（甚至還認為自己能克制怒火，更加有理）。她沒有解決自己的憤怒，所以並沒有真正和解。

怒氣不斷堆積、惡化，最終釀成憂鬱。她把精力都耗在避免別人對她生氣，始終沒解決根本的問題：她必須懂得活得坦誠。

誰都不喜歡痛苦。我們不遺餘力避免痛苦，或是忽視痛苦。我們覺得身體不舒服時，也許不當回事，也不去看醫生，只希望過一陣子就沒事。我們擔心解決方案會比問題本身更讓人痛苦。問題是不理會症狀，病情只會加重，不會減輕。

在理想的人際關係中，雙方會願意誠實看待自己與對方，才能掌握問題出在哪裡，對症下藥。這樣做並不能保證關係會提升，但逃避現實，關係就不可能提升。

這就是謙卑的價值：看清真相。謙卑能嘉惠對方，但受益更多的是我們自己。

愛是行動，而非感受

問題在於，我們應該要愛他人，即使是那些讓自己抓狂的荒唐人。但我們不願接受這件事，因為我們最不想面對的，就是荒唐人。人生的磨難不就是全拜這些人所賜？幹嘛還要在乎他們？

這真是讓人左右為難。《聖經》說愛是最重要的戒律，甚至主張世人應該愛自己的敵人。試圖把荒唐人排除在該愛的名單之外，是不可能的。

但自己的人生都快被荒唐人毀了，還能怎麼愛？

現代文化通常將愛視為一種**感受**。但在現實生活中，愛是一種**行動**。感受來來去去，但我們仍然應該愛別人。你無法強迫別人有怎樣的感受，因為感受是無法強求的。我們也無法控制自己會有什麼樣的感受，不過還是可以決定該如何處理感受。

這就來試試看吧。現在，我希望你有悽慘的感受。如果你本來就悽慘，那我要你欣喜若狂。請開始。

如何？是不是很難辦到？

現在把這一套套用在你認識的荒唐人。我要你對他們滿懷溫情、同情。這樣一來，你人生的問題是不是全都解決了？

怎麼可能。

什麼是愛？是做對他人最為有益的事。謙卑就是不只為了自己，而是為了對方以及對方的需求著想。

夫妻結婚時說出的誓言，是彼此相愛。但誓言陳述的其實是夫妻二人保證會**做**的行為，而不是他們會有的**感受**。感受來來去去，婚姻當中良好的感受當然是越多越好。但夫妻二人在婚禮承諾要做的若是沒實現，感受也會消失。

我們都在婚禮聽過「愛的篇章」（《哥林多前書》第十三章第四至八節），內容提到許多愛的行為，而非感受：

- 愛是恆久忍耐（不會輕易放棄）
- 又有恩慈（即使他人不尊重我們，也要尊重他人）
- 愛是不嫉妒（感恩自己所擁有的，而非一心追求自己沒有的）
- 愛是不自誇，不張狂（不盛氣凌人）
- 不做害羞的事（以正直回應他人）

- 不求自己的益處（重視他人的需求更甚於自己）
- 不輕易發怒（重點在於「輕易」）
- 不計算人的惡（不對別人心懷不滿，而是處理自己遇到的狀況）
- 不喜歡不義，只喜歡真理（認清所有的關係）
- 愛是永不止息（持續做對他人最有益的事）

想想夫妻二人若都能履行愛的篇章，婚姻該有多美好。應該說，所有的人際關係如果都能實踐愛的篇章，會有多美好。

不能把他們掐死嗎？

我們要誠實面對荒唐人帶給我們的感受。有時候，甚至需要採取「強制手段」。要關愛荒唐人，不必讓他們主導與我們的關係，更不必讓他們予取予求。最重要的是徹底了解他們的需求，找到適當的方式滿足需求。

有時需要的，是一次精心安排的對抗；有時則需要定出界線，雙方才能保持安全。

大多數的時候，則需要坦然面對自己的感受，再思考最佳的回應方式，而不是在盛怒之下衝動行事。

有時可能需要暫時遠離對方，給自己時間思考該如何回應，不必覺得一定要在盛怒之下回應。對很多人來說，暫時遠離對方就有時間仔細思考，說不定還能把想法寫下來。

這就像寫一份文件時，會多次修改草稿一樣。我們首先把全部的東西寫下來，反正草稿永遠不會有人看見。然後開始修訂，刪掉不需要的東西，把內容整理成能發揮最大效果的結構。最後再潤飾文字，確保能凸顯要表達的重點。

編輯自己寫的文章需要時間，卻能製作出強而有力的成品。人際關係也是如此。我們聽見別人說話，要是立刻回應，就像把草稿拿給別人看。對方能得知我們的感受，但情況往往只會更糟。暫時抽離，仔細思考最合適的回應（雙方都能滿足需求），再選擇最佳的時機與情境給出回應，是最理想的做法。

而且，我們並不需要滿足對方的所有需求。我們必須自己先有，才能給予。自己的情緒若是一點也不剩，就不該再分給別人的人生，而是應該重新整理、振作，恢復自己的情緒能量。我要是沒有好好照顧自己，就不會有任何東西能貢獻給你。

看見真相的訣竅

理想人際關係的基礎，是認清自己（不高估也不低估自己），也認清他人。不要依據自己的情緒解讀他人的行為，應該時時依據事實解讀：

- 要跳脫自己的角度，從別人的角度看事情（不見得要認同，但要理解）。
- 要記得別人沒有義務迎合我們。
- 想改變人際關係，就要改變自己。

第11章

第二項重要特質：正向看待

你大概認識這樣的人：

- 中了樂透還埋怨要繳稅。
- 下雨天只會嫌天色陰暗，不會想到自家的草坪可以免費澆水。
- 你讚美他們的服飾，他們只會說自己很胖。
- 你打電話問候，他們卻抱怨從來沒人打電話問候。
- 半滿的玻璃杯在他們看來有一半是空的，還會嫌玻璃杯的顏色不好看。

你幾乎都能料到了。不管說什麼，都猜得到這種人會如何回應。有些人以負面的角度看待人生，看事情永遠只看壞的一面，而且渾然不覺自己的這種惡習。

但這是很危險的。習慣負面思考的人，正是荒唐人鎖定的對象。這種人只看見自己以及其他人最不好的一面，所以更容易被荒唐人禍害。要是想問他們認識多少荒唐人，那恐怕要煮一大壺咖啡，再拿出一張椅子請他們慢慢聊，大概能聊上三天三夜。

人生難免有不少讓人心煩意亂的事。但兩個人處於同樣的情況，卻有可能做出截然不同的回應。衝動反應的人，總是聚焦在出錯的地方。審慎反應的人，則是知道選擇的力量有多強大，也懂得以正向務實的態度看待人生。

這就叫**快樂**。

快樂的正反兩面

心理學家塔爾．班夏哈（Tal Ben-Shahar）曾說：「天底下有兩種人，一輩子都不會遭遇失望、嫉妒、悲傷、焦慮這些痛苦的情緒：一種是精神病患者，另一種是死人。」[1]會看這本書的你，大概兩種都不是。我們希望能有快樂的人生，但若是奢望能一直保有不間斷的正向情緒，那只會失望。

每個情況都有兩面：負面與正面。

- 這次的假期很享受，但是時候該回去上班了。
- 晚宴很成功，但廚房猶如颱風過境。
- 你很喜歡新買的車，但每個月都要還款。
- 你的生命中有荒唐人，也有神智正常的人。

健康的人生活必定**快樂**。快樂看似遙不可及，畢竟我們的人生中還有某些人的存在。但快樂是來自內心，而非來自外在。我們不再以負面角度看事情，轉而重視更寬廣的真實，快樂就會降臨。這並不代表一切都會突然變得很美好，而是我們會了解人與狀況的真實面。

孩子還小的時候，我們家常常在晚餐時玩「光明面」遊戲。每個人只要說出一件這天遇到的壞事，就也得說一件好事。他們即使心情不好，不太想玩，也常常是遊戲還沒結束，心情就已經好轉。這個遊戲告訴他們：人生不是只有壞人壞事，也有好人好事。絕對不能只看一面。重點並不在於玻璃杯是半滿還是半空，而是裡面有水。杯子裡有一些水沒了，但仍有一些還在。這才是務實的看法。

泥沼裡的彩虹

多年前，家用攝影機剛開始普及的時候，有個朋友買了一台，而且經常使用。每逢孩子的生日宴，她就用攝影機記錄每一刻。她拿著攝影機追著孩子們跑，想留下往後可以回味的每個瞬間。

但她總是忙著拍攝，只顧著觀察，卻沒有參與。她錯過了那些美好時刻。往後，她能從錄影帶上看見孩子們玩耍，卻看不到自己與孩子們玩耍的畫面。

快樂的人會參與，不會錯過美好時刻，而是會將美好時刻化作回憶。

在大多數的狀況下，我通常是先思考接下來該說什麼、做什麼，而不是享受當下。但我漸漸訓練自己完全投入在當下做的事情，累積回憶。這需要刻意為之，但絕對做得到。越是專注在當下的事情，無論是好是壞，未來的記憶就越鮮明。

這需要練習。每次與人對話，我都得提醒自己要完全專注在對方身上，也要隔絕會讓自己分心的零碎想法。我發現全心投入，我所參與的每件事情就豐富多了，也能累積更精彩的回憶。

負面的人認為自己的人生就是一個接一個的危機，偶爾穿插短暫的快樂。假如倒過來看，把人生當成正向的旅途，只是偶有顛簸呢？正面與負面的經歷都是真實的，全看我們從哪個角度看。

在晴朗的夜晚，我們抬頭看見滿月與群星點綴的夜空，如此美景令人屏息。黑暗是真實存在的，而且佔據了大半的夜空。但望著星星與月亮時，我們並不會注意到夜空的黑暗。夜晚的黑暗僅僅發揮了對比的作用，凸顯出夜空的燦爛。

我們也能如此看待人生。人生有黑暗面，但我們不見得要聚焦在黑暗面。我們可以選擇重視光明面，讓黑暗面發揮對比的作用，豐富人生的每一刻。

這是一種以事實為根據的務實人生觀。

選擇聚焦在何處

我們可以選擇擁有「光明」的人生觀。總會有一些人或事讓人生蒙上陰影，我們必須**主動**從不同的角度看待人生。這樣做是以事實為依據，而不是自我喊話或盲目樂觀。

控制情緒的關鍵，在於我們將注意力放在哪裡。我們可以選擇聚焦在下列三項的其中之一：

一、荒唐人
二、自己
三、事實

荒唐人

在乎荒唐人以及荒唐人的所作所為，等於任由荒唐人毀滅我們的人生。是，他們還是會在我們的人生中，而且大概還是會繼續惹毛我們。但是消耗太多精神與注意力在他們身上，等於任由他們宰割我們的情緒，我們的人生也會受制於荒唐人的選擇與行為。

自己

把心力放在自己身上比較理想，因為這就是自行承擔遇到的事情，而不是讓其他人控制我們的情緒。缺點在於當你覺得自己受害，又把問題聚焦在自己身上，就會變成只能看見負面，而看不見正面、有可能實現的東西。只看得見黑暗面，看不見光明面。

事實

事實就如同美國憲法。想知道事情的是非對錯，就要上法院。最高層級的最高法院依據憲法審理各案件，判斷是否「合憲」。法官喜不喜歡判決結果並不重要，並不是案件評判憲法，而是憲法評判案件。

在每一段關係、每一種情況中重視事實，並不代表人生就會完美。但了解實情，就能做出合宜的回應。想判斷自己的選擇是否正確，唯一的方式是想想是否有事實根據。

在人際關係中，重視真確的事實能改變我們的感受。如何判斷何為真確？可以從以下觀點思考：

- 荒唐人究竟是哪些言語、態度或行為惹怒我們？而不會惹怒我們的又是哪些？
- 我們的人生有哪些好事？該不該覺得感恩？
- 哪些事情能處理？哪些可以**不必**處理？
- 我現在的感受如何？該不該有這樣的感受？

行為來自感受，感受來自想法，而想法又來自接收的資訊。只要確定接收的資訊正確，就能正確思考，正確思考就能控制情緒，進而做出正確選擇。

心理多工作業的問題

在分秒必爭的社會，大多數人為了完成更多事情，都練就了多工作業的本事。多工作業看似是好事，因為感覺同時可以完成兩件事。我們常看見別人一邊講電話，一邊看電子郵件；跟子女商量行程的同時，也在寫購物清單；或是一邊開車，一邊傳簡訊。但這樣做常常是忽略了電話中的重要細節，還得回電問清楚，不然就是漏寫了該買的東西，還得再跑一趟商店。

研究證實，我們的大腦一次只能做一件事。所謂的多工作業，其實是大腦迅速在兩種活動之間來回切換，做事的效率反而變慢。比起一次專心做一件事，多工作業反而耗費更多時間與心力，而且壓力還更大。

我們的思維總是會集中在某件事情上。若養成了注意荒唐人舉動的習慣，就很難不去思考荒唐人的所作所為。負面的想法似乎會選擇阻力最小的那條路走。而大腦一旦停滯，就會自動導向平常的思考模式，無論那是負面還是正面。如果我們試圖不去思考某事，大腦就會出現空白——接著思緒會立刻回到剛才在想的事。這種模式似乎無法跳脫。

但大腦的這種運作方式，也能成為問題的解方。我們不能只是避而不想生命中負面的人與事，而是要**轉換**想法，刻意去想其他事情。負面想法起初會想辦法偷溜回來，畢竟它們已經佔據大腦許久。但當我們察覺到負面想法再起，就可以再次主動專注在事實上。

在情緒正激動的時候，努力思考新的回應方式，就像在船正下沉的時候，報名參加游泳課。應該要在情緒來襲前，就想好該怎麼回應。

第一步：寫下自己心中所有關於荒唐人、荒唐事的負面想法。

- 有人說我很討人厭，而且大家都這麼想。我覺得我確實討人厭。我想知道還有誰這麼想？
- 我們是親人，所以我無能為力。

- 那人存心跟我過不去。
- 我的人生都被他們搞爛了。

第二步：判斷這些想法是否為真，一一寫下。

- 也許他們是覺得我討人厭，但其他人並不這麼想。我該重視的是其他人，不必去猜測別人認為我討人厭的理由。
- 我們是親人沒錯，但我並不需要受親人影響。我無法強求親人改變，但還是可以影響他們。
- 我覺得那人存心跟我過不去，但他無論跟誰相處，大概都是這樣。感覺像是在針對我，但應該不是。
- 除非我允許，否則他們**沒有能力**搞爛我的人生。他們怎麼說並不重要，我了解自己，也清楚自己的價值觀。我可以設下界線，就能不受他們的言行影響。

第三步：發現自己深陷負面思考模式的泥沼，就要重新思考我們所知的事實，我們能控制以及不能控制的東西。

一旦發現自己被某些想法拖累，就要斷絕這些想法，並對自己說：「等一下，這樣變成對方在掌控我的情緒。我先想想我所知道的事實：我是個好人。他們的想法無法決定我的價值。有人深深愛著我。我可以選擇回應的方式。我有才華，也有能力⋯⋯」

第四步：每天早上醒來，我們可以訓練自己在起床之前，先想想五件值得感恩的事，為這一天定出理想的基調。晚上就寢之前，也可以重複一次。

基本原則：能做到換角度思考，以正面思考模式取代負面思考模式。做到這一點，就能發展出全新的人生觀，也就是**快樂**的人生觀。

注意力的用途

美國前總統小布希的白宮發言人東尼・斯諾（Tony Snow），在五十三歲那年因癌症過世。他曾如此寫道：「人人都希望一輩子過著簡單平靜，甚至一眼就能看見終點的安逸生活。**但上帝喜歡安排越野路線**。」[2]

我們喜歡安全、好玩的越野，卻不願接受痛苦、危險。那要如何才能快樂？

要把注意力放在該放的地方。

- 黑暗是真實的，但光明也是真實的。
- 負面是真實的，正面也是真實的。
- 痛苦是真實的，治癒也是真實的。

我們不希望自己的人生完全被荒唐人的荒唐行為佔據，更不希望自己的情緒被他們綁架。就算我們覺得被自己的成長經歷、環境、人生的種種遭遇，還有荒唐人拖累，也還是可以選擇將注意力放在該放的地方。

我們可以選擇快樂。

第12章

第三項重要特質：選對焦點

理查・卡爾森（Richard Carlson）多年前寫了一本暢銷書《別為小事抓狂》（*Don't Sweat the Small Stuff*）。這本書的概念很簡單：要把精力用在真正重要的大事，而不是不重要的事情。這個概念很好，也幫助不少讀者釐清生活中那些看似急迫，但其實並不重要的事。[1]

這本書要是交給我重寫，我會把書名改成《別為不該做的事抓狂》（*Don't Sweat the Wrong Stuff*），稍加調整原書的概念，因為我發現，有時候小事**確實**很重要，但不該做的事，卻耗去大量的時間與精力。

有時候出門走或跑一大段路，就會有小石頭掉進我的鞋子。有些石頭的大小，跟一大顆沙粒差不多，我也就沒當回事。在人生的長河中，這只不過是件微不足道的小事，也不會要我的命。但若不停下來處理，我就會滿腦子都是鞋子裡的石頭。要是拖太久都沒處理，腳就會開始痛，最後演變成疼痛難忍。

如果你也曾有小石頭跑進鞋子裡，或是有一小塊玉米卡在牙縫，你就知道這種感覺有多討厭。想不去想它都難，滿心只想把它弄出來。問題雖小，卻也不能不解決，否則就會影響到我們的表現。

有些小事很重要，有些大事一點都不重要。擁有理想人際關係的人，在乎的是價值，而不是大小。他們懂得分辨哪些東西值得努力爭取，哪些又可以不必理會，並且只打該打的仗。

只打該打的仗

很多人無論遇到什麼事情都會生氣，看事情永遠只看壞的一面，以匡正別人的行為為己任，所以會接二連三爆發抓狂事。

我們從旁觀察著這些人，看見他們的痛苦，然後決定他們該怎麼做。畢竟我們自己也經歷過，知道該怎麼解決，以為他們用同樣的辦法也有效。如果他們能按照我們的方法做，就會覺得情況好多了。

但我們沒義務整頓別人，這是我們**不該做的**嘗試。我們只需要為自己的選擇與行為負責。在人際關係中，但凡別人該做的事，都是我們自己「不該做的事」。

一九八〇年代，我們夫妻買下了自己的第一間房子。當時有位鄰居不太用心照料自家的草坪。他還是會除草，但從來不會修剪邊緣，所以他家草坪看起來總是亂蓬蓬的，還蔓延到人行道上。我們從來沒跟他談起這件事，但我總覺得應該處理。

有天早上，我在我家草坪除草、修剪邊緣，也拿著草坪修邊機到他家草坪，沿著他家草坪邊緣的人行道修剪。大約只用了九十秒就搞定了，我掃去雜草，整個草坪好看極了。我覺得我這樣做是幫了他，也以為他看了會很高興，沒想到他從來沒提起。我以為他會感謝我，沒想到他竟然提都不提。現在回想，才發現我替他修剪草坪，感覺像是在批評他。他家的草坪不是我該打理的，但我卻攬下這件事，還以為自己幫了他，他會感謝我。

我把別人的責任攬在自己身上，這就是不該做的事。想要有良好的人際關係，就必須判斷哪些是自己應該做的，哪些又不是，還有哪些才是重要的事。

我們越是重視自己該做的事，而不是整頓別人的人生，就越能控制自己的情緒。人生並不是沒有衝突才能滿足，而是不因別人的要求而情緒失控，才會滿足。我們懂得主宰自己的選擇，而不是依據別人的想法或做法選擇。

這是不是意味著荒唐人仍然會帶給我們痛苦？當然會，畢竟我們是凡人。你打我，我還是會痛，而且疼痛與瘀傷大概都會維持很久。但要是把精力都耗在生氣、報復上，等於是任由你控制我的情緒。我的人生，變成以你為重心。

我曾看過一部電影，劇情是一名男子刺傷另一名男子後逃逸。被刺的男子身受重傷，但只要接受治療，就不會有生命危險。但受傷的男子怒不可遏，開始追逐行兇的男子。他跑過一個又一個街區，想追上行兇的男子，以牙還牙。但他失血過多，越來越虛弱，跑不動就只能用走的，又變成在地上爬，最後死在人行道上。

我們一心只在意傷害自己的人，就會演變成這種情況。即使憤怒，也該冷靜下來，思考該如何回應。我應該在盛怒之下力求反擊，還是應該先就醫治療？這就像航空公司的安全指示，叫我們先戴好自己的氧氣面罩，再照顧子女。這聽起來很冷血，但沒有先照顧好自己，子女就無法得到妥善的照顧，也就無法活命。

這才是該做的事。受到荒唐人傷害的我們，需要「治療」。我們應該先照顧好自己，確定自己的思考與回應都正確。如此一來，才能想出最理想的方式，回應傷害自己的人。

我們不可能匡正每一個傷害我們的人。如果是很重要的關係，我們往後也許有機會修復。然而在許多情況中，都有必要設下合宜的界線，以免受害。

蒂娜很喜歡她的婆婆，但婆婆每個禮拜都會突然造訪幾次。蒂娜的先生理查對此也有意見，卻不敢與母親理論。他們要是放著問題不處理，等於坐視自己一再被不體貼的婆婆影響。想設下界線，夫妻兩人必須討論自己的需求，再思考與理查的母親該有怎樣的關係。夫妻倆必須向理查的母親表明立場，強調他們喜歡她，也歡迎她來訪，但也要立下關係的界線。談這些也許會不太自在，但有了界線，才能維持關係。

選對戰場，找回滿足

沒人想成為受害者。誰都不希望自己的生活被其他人擾亂，因為生活被擾亂，自己就會脫離設定點。我們一旦離設定點太遠，內心的聲音就會吵著要回到那個平靜、自在的地方。

有些人可能以為，滿足就是做任何事情都一帆風順、能處在自己的設定點，不會有人擾亂我們的人生。但是認定人生從此再無波瀾，未免不切實際。

不過，即使身處衝突的風暴，還是可以擁有平靜。《聖經》有超過兩百五十處提到，滿足是有可能實現的。滿足並不能消除痛苦，但無論遇到何事，我們都可以滿足。

聽起來是不是不可思議？尤其是你被其他人惹出的抓狂事荼毒了那麼久，滿足對你來說是不是遙不可及？

我們越是打該打的仗，把注意力集中在該做的事，而不是不該做的事，就越有可能停留在設定點。這需要刻意去做，並不是不費吹灰之力就能完成。我們要主動訓練自己，把注意力放在該放的地方。

新態度的新想法

要控制自己的情緒，關鍵在於改善思考模式。想法決定感受，想要有不同的感受，就要有不同的想法。我們應該想些什麼？

一、我們可以選擇不憂慮。憂慮就無法採取行動。把注意力集中在一個情況，或是一段關係中已知的事實，就不必再去煩惱問題，可以轉而思考解決方案。

二、我們可以聚焦在正面的事情，重視人際關係好的一面，而不是只看見有問題的一面。

三、我們可以控制自己對待對方的情緒，而不是任由對方主宰我們的情緒。

久而久之，樂觀會逐漸取代憂慮。該注意的東西，會取代不該注意的東西。

有輸入才有輸出

有個與這個觀念相關的邏輯假設：刻意把注意力集中在好的事情，就代表我們應該刻意**不去注意**不好的事情。我們被媒體、人際關係，還有其他人所釋出的負面訊息環繞，要做到這一點很不容易。但我們接收的訊息，會影響我們的想法，所以必須謹慎過濾接收的訊息。

幾年前，我開始留意自己接收的資訊，以及這些資訊如何影響我的生活。我發現我接收的資訊，主要來自視覺與聽覺。於是我決定好好研究這兩項。

大多數的日子，我早上起來的第一件事就是看報紙。開車出門就會聽新聞，或是本地廣播節目。一坐在電腦前，就會看電子郵件信箱。通常在早上九點左右，想到這一天接下來要做的事情，我就覺得心力交瘁、心煩意亂。接下來的一天，我跟許多人交談，但我並沒有細想這些人對我的影響是正面，還是負面。在開車回家的路上，我會聽談話廣播節目，回到家已經精疲力竭，無力與家人深談。我覺得我的生活就是任由別人處置。

所以我白天接收的訊息，是世界各地發生的壞事，怒氣沖沖的人的意見，我的生活圈裡幾十個人透過電子設備傳來的要求，還有別人告訴我的負面事情與八卦。幾乎沒有半點能豐富人生的東西。

難怪我老是這麼暴躁！

我稍加改變接收的資訊，成效很明顯：

- 我退訂報紙，改為每天早上閱讀一本好書的一章：有時是小說，有時是非小說，也常常看《聖經》的《箴言》。
- 我開車的時候改成聽音樂，或是乾脆就關掉收音機。在回家的路上，我每小時會收聽兩分鐘的整點新聞，了解一天的頭條大事，聽完就關掉收音機。

- 我稍微調整電腦設定，把行事曆放在電子郵件前面，就能先看見自己的急事，再看別人的急事。
- 我找出生活中最正面的人，刻意多與他們相處。
- 我刪除一些臉書好友，重質不重量。
- 我改掉晚餐後看電子郵件的習慣，把晚上的時間用於做更重要的事。在我看來，真正的急事是不會用電子郵件通知的（很少有人會寫電子郵件對我說：「我快不行了……」）。

我的感受很快就有所不同。我這台機器等於換了一種新的燃料，性能大有進步。接收的資訊有所改善，輸出的表現也大有起色。

試試這個練習：明天一整天，從起床到就寢，看看你讓自己吸收了多少資訊。看報紙或新聞的時候，要留意正面與負面資訊的比例。注意自己一天當中與哪些人相處，對話內容是正面還是負面。聽聽你自己對於你所認識的荒唐人的看法。

在一天的尾聲，分析你接收到的資訊。哪些是正面、激勵的，哪些又誤導你聚焦在不該聚焦的事情上？再想想你這一天的感受。是正面，還是負面的？

我們所想的東西（輸入），與我們的感受（輸出）直接相關。不好的輸入就會引發不好的情緒。好的輸入就會產生好的情緒。要是覺得自己的生活被荒唐人主宰，而且這種感受始終揮之不去，就該檢討輸入的品質。

正面朝上的思考

我們家露台有個望遠鏡，我常用來研究月亮、行星或星星，有時也觀看遠方的山丘。有些山丘上蓋滿了房子，其他則純粹是一片美景。

我的望遠鏡有兩個鏡頭。第一個能讓我看清遠方的景象。我能看見個別的房子、樹木，以及地標，仔細看甚至還能看見遠方的街道往返的汽車與卡車。

第二個鏡頭遠比第一個強大。我用它能看見同樣的景象，但看見的畫面詳細得多。我拿穩望遠鏡，還能看見走在街道上的模糊人影，雖然那些人離我足足有幾英里遠。

但第二個鏡頭有個問題：看見的景象全是上下顛倒。如果是看天空就無所謂，但若看的是風景，位置就全是錯的。

問題並不是出在我看見的人，而是我的鏡頭。我們常犯的毛病，是從顛倒的鏡頭看世界，還以為看到的就是現實。我為了看得更清楚、更仔細，犧牲了能讓我看見真實景象的，更寬廣的觀點。

在人際關係中，我們會認為：「這些人瘋了，顛三倒四的。」但我們必須了解，自己只擁有上下顛倒的鏡頭，看見的人際關係是扭曲的，並非現實。另外一個鏡頭才能看見真相。用真相鏡頭，也許無法看得那麼仔細，但會看見生活中荒唐人的真實面貌，而不是顛倒的形象。唯有使用真相鏡頭，才能看見事物的全貌，也才更可能擁有滿足的人生。

遇到棘手的狀況，該如何保持正面看待事物的態度？

- 懂得欣賞真相。
- 多結交對你的人生有正面貢獻的人。
- 只吸收值得吸收的資訊。
- 與荒唐人保持適當距離，保護好自己的人身安全與情緒。
- 不要有整頓別人的想法。

• 別為不該做的事抓狂。

國際媒體領袖（Mastermedia International）是服務好萊塢文化名人的非營利事工機構，其中的賴瑞．波蘭博士（Dr. Larry Poland）常談到，基督徒想匡正道德敗壞的媒體，採取的手段包括抵制、寫信，以及抗議。這樣做雖說是一片好意，媒體領袖看了卻覺得基督徒不友善，一心只想叫自己改頭換面。波蘭博士則從另一個觀點實踐「得人如得魚」的使命，他說：「我們該做的是抓住他們，匡正他們是上帝的責任。」

我們知道哪些事該做、哪些事不必做，就會滿足。經營人際關係若能以事實為基礎，就能在最黑暗的夜空找到光明。

掌握情緒的練習

試試這個練習，內容很簡單，只要問自己兩個問題。

第一：狀況是什麼（描述出來）？**我的老闆有病。他從來不鼓勵我，我做什麼他都看不順眼，挑我的毛病動作之快。我喜歡這份工作，也很在行。但是有這個**

討人厭的老闆在，上班就是種酷刑，一想到要去上班我就頭大。

第二：我困擾的點在哪裡？在適當的欄位列出每一個困擾你的地方：

我無能為力的事情	**我能處理的事情**
我老闆的個性	我如何做我的工作
我老闆的管理風格	我與老闆相處的方式
我老闆的選擇	老闆不講理時，我的回應方式
我老闆的優先次序	我如何跟別人聊老闆
我老闆對於他的工作與責任的看法	我的技能提升，能貢獻給老闆的價值
	我對自己、對這份工作的正確認識
← **行動**	← **行動**
不要耗費任何心力，在這個欄位的項目上	**要**把心力用在這個欄位的項目上

換句話說：

我**能**控制什麼？**我自己，我的選擇與態度**。

我**無法**控制什麼？其他的一切，包括我的老闆。

第13章

第四項重要特質：潛心等待

我們夫妻剛結婚的時候，住在美國加州雷東多海灘（Redondo Beach）的一間老舊小屋。我們把屋子油漆好、鋪設了草坪，也種了些花。土壤很肥沃，我們種的植物全都生長茂盛。我們以為是自己精於園藝，才能有如此豐碩的成果。

兩年後，我們搬到亞利桑納州鳳凰城，以為照樣能在沙漠中的新家展現園藝長才。但是這裡的土壤是黏土，簡直像混凝土一樣堅硬。我為了鬆土，還得買一把鋤子，好不容易才種了金魚草（後來也枯死了）。想法是好的，但我們完全不懂在沙漠種植的訣竅，得有人指點才行。

苗圃工人說：「亞利桑納很適合栽種柑橘類植物。」於是我們買了柳橙樹、檸檬樹，還有葡萄柚樹的樹苗。我們挖了幾個洞，加入護根物與養分，種下樹苗。接著定期澆水，期盼著哪一天，能在自家露台招待朋友享用現摘的水果當早餐。

幾棵果樹長得很好，卻一直沒有結果。隔年也是一樣。我們辛苦了那麼久，除了茂密的枝葉，完全沒有成果可以展現。於是我們又回到苗圃求教。

苗圃工人說：「要等，亞利桑納州新種的柑橘類果樹，有時候要等上三年才會結果。」這雖然不是我想聽的答案，至少給了我希望。隔年，我們收成了一個小小的柳橙，兩個清瘦的檸檬，還有一個超大的葡萄柚。沒想到再過一年，柑橘花的甜香就化成了每棵樹結的數十個果實。

剛開始這幾年，我超想看見果樹結果，感覺等待很痛苦。我其實也可以到雜貨店買一袋柳橙、一袋檸檬、幾顆葡萄柚，再買一卷膠帶，把水果黏在樹上就好。我就可以大言不慚地說，我家的果樹有果實。但這就變成急於求成，果樹也失去了存在的意義。

果樹存在的意義不是**展示**果實，而是**結成**果實。我雖然很想看到果實，卻也知道必須耐心等待。果樹必須健康成長到夠成熟的地步，才能結果，這是急不來的。

我們的人際關係也是如此。我們都希望別人能迅速「長成」，解決他們人生中的問題。但實質的改變即使真能實現，也需要時間。與其因為其他人不長進而鬱悶沮喪，不如接受現實，承認成長與治癒往往需要時間。

喜劇演員巴伯・紐哈特（Bob Newhart）有個經典的段子，他在其中扮演一個心理學家。每次來他診間的女人開口敘述自己的症狀與恐懼時，他都會大喊：「不要再這樣了！」碰到任何問題，他的解決方法都是：「就不要再這樣了！」

大家之所以喜歡看這個喜劇橋段，大概是因為有共鳴。我們看見別人沉溺在惡習之中無法自拔，傷害自己也連累旁人，就會心想：「他們怎麼就不能認清自己的問題，**不要再這樣**了呢？」

但我們從自身的經驗也知道，想戒掉多年的積習是極為困難的。一旦養成根深蒂固的習慣，要改變就像是把五十歲的橡樹拔出地面。確實有可能做到，但需要時間，而且通常一次只能處理一個樹根。

匆忙成癮

英國首相柴契爾夫人曾說：「只要最終能達到目的，我可以展現超乎常人的耐心。」我們都聽過耐心是一種美德，但在分秒必爭的社會，我們習慣了迅速解決問題，要維持耐心很不容易。綠燈亮了，開車的駕駛哪怕只猶豫一秒鐘，後方的車子都會按喇叭。在雜貨店的結帳櫃臺，要是有顧客為了湊齊結帳金額，一個銅板一個銅板算，我們就準備叫警衛來。網站若是無法在一、兩秒之內打開，我們就會覺得挫折，然後直接去另一個網站。

個人電腦剛問世的時候，我在大學擔任教授。我們學院的教職員工，參加了四天的個人電腦訓練課程。第一堂課教的程式是簡單的計算機，能進行加減乘除四則運算。但程式是存在卡帶中，我們必須按「播放」，才能把內容載入到電腦。載入檔案花了六分鐘左右，但我們一心只想著有了檔案後能做的事，所以不會感到不耐。

你能想像自己現在的電腦載入檔案需要六分鐘嗎？

也許這就是我們對於處理人際關係常常不耐煩的原因。生活中什麼都講究即時，遇到荒唐人搞出的爛攤子，我們也想要有即時的解決方案。我們覺得荒唐人佔據了人生的一個小角落，不知該怎麼把他們趕走。

我們都聽過「耐心是一種美德」，卻覺得說這話的，是世上唯一由一群鬣狗養大的人類。耐心要是真的這麼好，那我們被抓狂事淹沒的時候，為何這麼難保持耐心？

原因之一是環境。我們深陷在立即滿足的文化，有耐心並非我們的預設值，而是後天訓練出來的。所以當別人不改變，我們就更有可能生氣。人們通常都會改變，但這並非一蹴可幾。他們人生的某個部分也許有所改善，但我們還是只會看見許多仍讓人頭痛的部分。我們忘了真正的改變需要時間。

時間的價值

商業領域的課程經常談到經濟學的兩項原則：

一、需要留意的三項元素是品質、價格，以及便利性。

二、你可以任選兩項，但無法三者兼顧。

舉個例子，轉角的便利商店通常會販售有品牌的商品（品質），停車也方便（便利性），但售價就高出許多（價格）。大型量販店則販賣平價的優質商品，但你必須到較遠的地方停車，還要大排長龍（便利性）。也有一些商店以價格極低、交通便利著稱，但就無法要求商品的品質。

人際關係的運作也是如此。我們會在婚禮或其他社交活動上認識別人（便利性），短暫交流（時間），但還沒發展成可以分享內心感受的那種友誼（品質）。其他人能成為我們的摯友（品質），是因為多年來與我們一起走過人生大小事（時間）。但如果他們後來搬到遠方，想維持友誼就要相當努力（便利性）。

還有那些把我們搞瘋的人。如果只是點頭之交，那要打發或避開他們並不困難，他們也就招惹不到我們。但如果是無法避開的家人，就沒這麼好處理了。也許我們很在意此人，卻不敢表露內心的感受，因為不知道對方會有什麼反應。我們希望他們會改變，卻又覺得會等到天荒地老（如果真有這麼一天），所以不抱任何希望。

他們確實可能永遠都不會改變。就算會改變，也不可能在一夕之間改變。優質的人際關係需要長期經營，並非一蹴可幾。越是接受這個現實，就越不會失望。

我最近讀到一篇文章，內容在介紹以製作小提琴為業的工藝師傅。他對品質一絲不苟，完全不考慮便利性。他全職製作小提琴，每九個月只完成一把，但有人會願意付八至十萬美元的價格，購買一把他製作的小提琴。

懂得應付荒唐人的人，已經養成了耐心的性格，知道成長需要時間，急不來的。

耐心的秘密

被別人超車時，我們通常會認為對方是低能自大、自以為馬路是他家開的的白癡。我們會批評他們的人格，而且覺得自己的反應合理。我們**清楚**他們是荒唐人。但我們也曾一個不注意，就不小心超了別人的車。不是有意的，而是無心之過……大概啦。

我們堅信自己知道對方在想什麼，但其實我們並不清楚。即使是有耐心的人，被別人超車可能還是會生氣，但他至少知道不要妄加解讀對方的動機。超車的人有可能是故意為之，也有可能是不小心犯錯。雖說無論是有心還是無意，都無法改變超車的事實，但有耐心的人不會因為這件事就生一整天的悶氣，更不會任由自己的情緒被超車的人控制。

事實是一切的基礎。我們掌握了一個情況的事實（例如另一人的動機），就能做出正確的回應。如果不知道事實，就只能假設。假設若是有誤，就會錯誤解讀，也會做出不當的回應。回應若是不恰當，就永遠不可能做到耐心回應。

所謂耐心，並不代表坐等別人改變，也不代表放任別人虐待自己，更不代表每次都能與別人相處愉快。耐心是在一次次與別人的相處**之間**，從我們內在發展出的特質。只要有耐心，即使長期身處逆境，也能保持堅強。

那如果缺乏耐心，該如何培養？常有人開玩笑，說千萬不要向上帝祈求耐心，否則上帝就會派荒唐人前來教導我們何為耐心。我覺得上帝應該不會這樣做，但這話確實很有意思。

耐心就像其他的正面特質，是長時間逐漸養成的。就像反覆運動能增長肌肉，反覆練習以理想的方式回應他人，就能養成耐心。

你一天刷牙兩次，每次兩分鐘，一年累積下來就超過了二十四小時。如果你想提高效率，一次刷完一年份的量會如何？請一天假不去上班，從半夜十二點開始，一連刷牙二十四小時不中斷。接下來一整年，就都不必刷牙了！

耐心也是同樣的道理。誰都不可能領取一年份的耐心，在一整年裡慢慢發揮。耐心是我們遇到每一個情況，選擇合宜的回應，而逐漸累積的特質。

審視內在

假設你在十年前，曾經寫下理想中現在的自己，指的並非有多少財產、多成功，而是你希望擁有的性格、態度，以及行為。再看看現在，你覺得成績如何？可有達成你的願望？是否具備你希望擁有的態度與操守？

大多數人會說：「我還在努力。是，我已有所進步，但還有很大的努力空間。」所謂耐心，就是著重在過程，而非只擔憂沒有成果；是寬恕不完美的自己。

我們經營人際關係也需要有耐心。要培養耐心，就要重視事實：

- 每個人的改變都有獨特的時間表，沒有制式的進度。
- 每個人都在逐漸改變。
- 我們不必整頓別人，執意整頓只會失望。
- 改變需要時間。

有個很好的例子：有個人腦部受了傷，陌生的旁人只會注意到他反應遲鈍，行動不便。他的親友雖然也知道這些，但看到他有些微的進步，例如手緊握了一下，就會覺得欣喜若狂。狀況會逐漸好轉，但不會一夕之間康復。

有了耐心，就能接受別人按照他們自己的步調改變。若缺乏耐心，就會把全部希望投注在未來的進展，而忽視當下的現實。

第14章

第五項重要特質：寬厚為懷

你想當個成功的人，還是寬厚的人？

- 一個人看了一小時的新聞，若想總結世界局勢，大概不會用「寬厚」形容當今的世界。
- 研究顯示，一般人對政府以及組織領導者的信任度，跌至史上新低。
- 真人實境節目揭露來賓一邊以假仁假義搏取其他來賓的信任，一邊用骯髒手段互相陷害，以此拉高收視率。
- 政經局勢衰頽不振的時候，能智取別人、打敗別人、撐得比別人久，才能活下來。

大家認為寬厚不重要，或者應該不會是一種能超越別人的競爭優勢。

很多人買書研究健康、財富、高人氣，以及維持生活平衡的訣竅。但很少人會買書學習如何寬厚。在現在這個競爭激烈的世界，感覺心懷寬厚就無法成就大業。我們對成功人士的第一印象，也並非寬厚。

我們也許會承認寬厚是種美德，也很珍惜少數幾位性格寬厚的親友。但在我們內心深處，可能視寬厚為一種缺點，而非優勢。

我還記得某場佈道，牧師說：「誰都不希望自己的墓碑上刻著『好人』。」言外之意就是：大家眼中的好人，大概一輩子都沒什麼成就。

在這個情境下，**寬厚**似乎像是退後一步。這感覺是軟弱——抑制了激情，還熄滅了驅使我們前進的原動力。很多人以為所謂寬厚，就是任由他人宰割，總是避免衝突。外向的人感覺自己必須放下天性，扮演一個不像自己的人，才叫做寬厚。個性較為文靜的人，則是常用寬厚作為安於現狀、不積極進取的藉口。

世人皆認為寬厚是一種美德。但在重視成功的文化影響之下，很少人會刻意培養寬厚的胸懷。大部分的人認為寬厚是可有可無的情操，就像新車的保暖椅墊：有也不錯，但不是非有不可。

會有這種想法，並不是因為寬厚是過時的美德，而是因為寬厚被誤解了。寬厚並不只是溫和、客氣，更是成功人生不可或缺的元素。寬厚是力量的主要來源。

寬厚的力量

寬厚與力量並不互相衝突。沒有寬厚、只有力量，叫做粗魯；沒有力量、只有寬厚，叫做無能。兩者並用，才能真正影響別人的人生。

我們跟認識的荒唐人打交道，唯恐展現一絲一毫的寬厚，都會被對方視為有機可乘。但唯有強大的人，才能真正做到寬厚。寬厚能讓我們與其他人順利相處。

我的兩個孫女一個四歲、一個六歲，她們對待彼此的寬厚程度常讓我吃驚。她們跟大多數的小朋友一樣，還是會爭執，但似乎有一種「第六感」，知道對方何時需要安慰。我看過艾芙莉用自己的錢，買東西給妹妹艾琳娜吃，因為她知道妹妹此時最需要的就是這個。艾琳娜通常最先與姐姐分享最愛吃的甜點，展現她的貼心。她們越是彼此體貼，感情就越深厚。

想想我們得到別人善待的感受。我們不只注意到對方的善舉，對此人也會改觀，就這麼簡單。寬厚就像一種情感上的握手，能建立兩人的信任。

對敵人寬厚，效應就更加明顯。一個人以為另一人會批評自己，沒想到對方卻善待自己。即使兩人有嚴重的衝突或傷害，也無法忽略對方尊重自己、善待自己的事實，反感也因此降至最低。

很多人擔心做個寬厚的人，就不能做自己。我們希望認真生活，也不想扮演一個不像自己的人。我們不想活在「做人要寬厚」這句口令的陰影之下，覺得那樣就必須淡化自己的個性，只能低調生活。

為人寬厚並不代表要捨棄自己的個性，寬厚反而能助長我們發揮自己的個性。將鹽加入食物中，並不會取代食物，反而會提升食物的天然風味。寬厚能凸顯人際關係的豐富內涵。

寬厚的原理

為人寬厚有助於日常生活與人際關係。任何人無論個性、性別、年齡，必須為人寬厚，才有可能在人生的各領域成功。寬厚能解決社會上缺乏信任的問題。寬厚並不是生存的訣竅，而是影響其他人人生的途徑，也能推動世界的變革。

我們並不是待人寬厚，自己才變得寬厚。而是因為自身寬厚，才待人寬厚。

寬厚的人，似乎比別人長壽，更受歡迎、更有生產力、更快樂，事業也更成功。寬厚不只是一種美德，給予的一方以及接收的一方，都能得到實質的好處。

常言道：「好人難出頭。」但根據我在企業界二十幾年的經驗，發現實情往往相反。有些暴君一路靠著欺壓別人而上位，但這種人的屬下通常不怎麼忠誠，對公司也不投入，漠不關心。暴君假裝寬厚，騙取屬下的服從，卻導致公司內部信任低迷。

我覺得「真金終究會發光」這句話比較有道理。我合作過的許多大型企業與組織的高層，都是在升遷的過程中，與身邊的人建立真誠的情誼，才能登上高位。他們從基層做起，真心關懷身邊的人。他們沒有操弄權術為己牟利，而是從基層開始累積信任。後來自己一路升遷，影響力也與日俱增。

我們受到他人善待時會感到意外，因為實屬難得。而我們也會樂意與善待自己的人來往，以善意回報對方。

刻薄的人也是同樣的道理。我們受到苛待，會想避開刻薄的人。我們不信任這樣的人，總是懷疑他們居心不良，不懷好意。

如果我們透過善待刻薄的人來改變這個過程，會如何呢？誰都不能保證對方會如何回應，但至少能改變關係的動態。並不是說善待對方，是希望對方能改變。而是因為我們**理當**善待對方。

這也就是人際關係的黃金法則（Golden Rule）：「己所不欲，勿施於人。」

善待刻薄的人，與操縱他人恰好相反。真正的寬厚，並不是一種用來改變別人的手段，而是一種驅使我們關懷他人的人格特質，無論對方說或做了什麼。並不是說一定要對傷害我們的荒唐人友善，而是要把對方當成一個人，予以尊重、善待。這就是《聖經》經文「愛你們的仇敵」（《馬太福音》第五章第四十四節）的真諦。

泰瑞是公司的新人，入職還不滿三個月。公司其他的銷售人員待他不錯，就只有比爾似乎總是跟他過不去。比爾是公司最資深的員工，業績向來都是第一名，身為頂尖業務，比爾不僅頗為自豪，還唯恐公司其他人不知道。誰也不清楚比爾老是找泰瑞的麻煩，究竟是因為自大，還是不安。比爾常常批評泰瑞，說這個新來的根本不是做業務的料，當著泰瑞的面挖苦他，又在背後貶低他。

泰瑞才不會坐視自己被欺侮。但他沒有反擊，也沒有使出比爾的招數，而是一再善待比爾。泰瑞為了保護自己，盡量避開比爾，即使必須相處，也盡力維持和諧。他當著比爾的面，稱讚對方的優點與能力，在比爾背後也是如此。其他人都罵比爾難搞，泰瑞卻著重在他的優點。他知道外在的行為並不是比爾的全貌，因為比爾會有如此行徑，八成是過往受了刺激。

後來泰瑞遇到一位大客戶，有機會賺取數千美元的佣金，他與比爾的關係就在此時出現了轉機。他知道，比爾比他適合服務這位客戶，於是安排比爾接替自己。一個小小的善意舉動，卻意義不凡。

比爾與泰瑞永遠不會成為摯友，而比爾在其他人眼中仍然是難搞的貨色。但比爾與泰瑞之間有了互敬互重的默契。比爾從來不讚美泰瑞，但也不再批評。真誠且寬厚的泰瑞，終於敲開了比爾的心門。比爾的人生沒有因此改變，但這就此改變了他與泰瑞的關係。

寬厚的真諦

我們的生活若是被荒唐人拿捏，就不能再假裝沒事，討好荒唐人，有必要選擇適當的時間、地點正面對決。但我們與荒唐人對決，除了考慮自己的利益，也要顧及其他人的利益。

你可能心想：「難道我還得善待荒唐人？」

我們對某些人，難免會比對其他人更有好感，這是正常現象。我們跟某些人，會比跟其他人更親近。我們對某人生氣，或是某人傷害了我們，寬厚也不是我們會想到的第一個反應。但我們只要懂得寬厚的真諦，就會知道寬厚可以是每一段人際關係的重要部分，即使是最棘手的人際關係也一樣。這並不意味著我們要對某些情況置之不理，而是更能去體諒對方以及對方的行為。

如果因為傷透了心，再也無力付出，那也沒關係。即使在痛苦之中，仍然可以選擇一種合宜而健康的回應方式，也就是寬厚以待。無論是對待荒唐人、愛抱怨的小朋友、十幾歲的叛逆青少年，還是年長失智的親戚，甚至是把我們最愛書本的封面咬掉的小狗，寬厚都是最佳選擇。

寬厚的夢想

如果每個人都能做到寬厚，甚至對自己不認同的人也寬厚，這個世界會是如何？戰爭、政治、政府、家庭、教會會有什麼變化？如果參加真人實境電視節目之前，都必須修習寬厚相關的課程，又會如何？

詩人約翰．多恩（John Donne）曾說：「沒有人是孤島。」[1]將一顆小石頭扔進池塘，水面的漣漪會不斷擴散。同樣的道理，一個人展現的寬厚，會像漣漪一樣擴散到別人的生活，也會影響整個社會。

寬厚是會蔓延的。寬厚是面對有毒世界的抗酸劑，也是上帝賜給我們的工具，用來逐步影響他人，進而改變世界。

第15章

第六項重要特質：保持正直

我每年都會在好萊塢的幾家大型電影製片廠，舉辦幾次講座。而一天中我最喜歡的時光，就是結束課程後的午餐時間。走在多年來拍攝過數百部電影的製片廠，能認出幾處在最喜歡的電視節目與電影中看過的「街道」，每次我都覺得很有意思。

在螢幕上看，就像走在大城市的商業區。自己近距離觀看，就會發現設計精美的店面與建築物後面，除了支撐的鷹架，別的什麼都沒有。看起來很逼真，裡面卻是空的，徒有外表而已。

娛樂產業的基礎，就建立在假裝上。男演員、女演員是真人假裝成別人，在其實並不存在的建築物裡，說著別人要他們說的話。無數人花費無數時間與金錢欣賞幻象，明知看到的都不真實，卻還是與戲中人物有所共鳴，彷彿彼此相識多年。

我並沒有批評娛樂產業的意思，就像我也不會去批評小說。誰都喜歡好故事。但在人際關係中，若是與表裡不一的角色打交道，那可不是件好事。當人際關係是建立在表面特質、而非內在品格時，就更難以健康的方式跟荒唐的人打交道了。

我們需要秉持正直。

正直的影響

在過去，大多數人對於正直的定義大致類似：你是個誠實的人，值得信任。跟你打交道，不用擔心會被你欺騙。不正直的人就是騙子。

但幾十年前，「新」版本的正直，也就是所謂的「情境倫理」開始盛行，這意味著處理任何情況，都以自身的利益優先。要是會因為說實話而不自在或尷尬，我們就扭曲事實。如果假裝敬重自己不喜歡的人對自己有好處，那就假裝。我們更傾向選擇對自己有利的路，而不是正確的路。

所謂正直，意思是表裡如一，在公開場合的表現與私底下的表現一致。所謂正直，意思是當不太熟的朋友讚美我們，我們的伴侶跟孩子聽了不會說：「他講的是誰啊？」

有人說，正直就是即使獨自一人，在誰也不會知道自己做了什麼的情況下，仍然堅持做正確的事。美國眾議員沃茨（J. C. Watts）曾說：「太多人認為，唯一該做的事情就是過活，而唯一不該做的事情就是被抓。」[1]我們不想成為這樣的人。

正直是信任的基礎。不正直的人生，就像一間剛油漆好，但隔板爬滿了白蟻的房屋，看起來很漂亮，卻不牢固。時間一久，房子就開始崩塌。

不穩固的人際關係，讓我想起我以前那把舊的木頭折疊梯。每次用這把梯子來刷油漆、拿東西時，每爬一步梯子都搖搖晃晃、咯吱咯吱響，我總擔心它會解體。踩在梯子上時，我也常想梯子要是解體，自己該跳到哪裡去。後來我總算買了一把新的鋁梯。用鋁梯的時候，我根本不必分神去想它。我很有把握新的梯子不會解體，百分之百信任它，於是我就可以完全專注在眼前的事情。

正直在人際關係中發揮的作用也是如此。我們與正直的人相處過，就會對彼此的關係有信心，不會質疑關係是否穩固。

正直對人際關係的影響

我們知道某人值得信賴，就能以此為基礎，與此人建立良性的關係。若是覺得對方不值得信任，那我們與此人之間的一切都會受到影響。對方無論說什麼、做什麼，我們都會懷疑是別有用心，會詳加檢視對方說的話，思考是否可信。

不正直，人際關係就沒有成長的基礎。先前的章節談到，一切都應該以事實為根據，而不是以感受、假設為根據。有了正直，我們不僅需要了解身邊周遭的事物是否正確與真實，內心也必須保有真實。我們**做人**必須真實。

我們必須先證明自己值得信任，才會有人信任我們。別人長時間觀察我們的為人、看見我們的正直，才會認為我們值得信任。我們不能憑空要求別人信任我們，別人要經由觀察才能判斷。做人要是不真誠，別人一開始也許會受到吸引，但久而久之就會看清，我們只是鷹架搭建出來的電影布景。

妻子對先生說：「你現在都不說你愛我了。」先生答道：「我跟妳結婚的時候說過了。如果有變，我會告訴妳。」也許他確實愛她，甚至還說出「是，我愛妳」這樣的回答，但除非他以實際行動展現愛，否則言語毫無意義。正直，意味著言行始終一致。

我們不能強迫別人正直。我們唯一能控制的人是自己。自己正直，並不能改變別人，但確實能為人際關係打好基礎。無論別人如何對待我們，只要展現正直，別人就會知道我們為人實在。

有人說，只要正直，沒有其他的都沒關係；而要是不正直，那有其他的也沒有用。正直是每一段良性人際關係的基礎。

裝出來的正直

假裝正直是很辛苦的，就像在雜貨店推著購物推車，壓到地上的一顆葡萄。推車的其中一個輪子被葡萄卡住，轉不動了。我們前後推動推車，想擺脫葡萄，卻徒勞無功。是，我們當然可以繼續買東西，但這次採購就變成一次負面的經驗，因為一直在跟葡萄搏鬥。

電影演員在演戲的時候，就會遇到這種情況。他們必須讓觀眾相信，自己就是自己扮演的人物。但等到電影結束，他們不能還繼續扮演這個角色。要是公然假裝自己是戲中人物，別人只會覺得好笑，不會真的相信。所以演員只會在拍戲時扮演別人，而且殺青時通常已經精疲力盡，因為扮演一個不像自己的人，是很耗費心力的。

馬克・吐溫（Mark Twain）曾說，只要總是說實話，記性不好也沒關係。[2] 正直就是如此。一個真正正直的人，不需要刻意裝作正直，弄得自己很累。

我岳父整個職業生涯，都在一家天然氣公司工作。他的職責之一，是教導新來的現場員工焊接鋼管。他們會不斷練習，直到能成功焊接出一個焊接點。我的岳父接著會把焊接好的鋼管放入機器，鋼管在機器裡會重複彎曲，直到折斷。如果焊接得好，先斷的會是金屬本身，而不是焊接點。堅固的焊接點會比鋼鐵更強韌。

操守就像我們人生中的焊接點。只要保持正直，即使因另一人的選擇而受到壓力，也仍然夠強韌，不會折斷。這並不代表我們做人必須強硬、強勢，而是內心必須夠堅強，即使受到別人的衝擊，也能堅定立場。

荒唐人常常會用邏輯把我們搞瘋，而且他們多半深諳此道。在情緒的驅使下，我們很有可能會認為對方的邏輯正確，思緒也因此被擾亂，覺得自己必須妥善回應。但我們應該要求自己正直，而不是期待別人正直。所謂培養正直，就是強化生活中的真理，建立一種穩固的信念，無論別人怎麼做都不會動搖。

虛假的正直看起來也許是個不錯的焊接點，但一遇到壓力就會斷裂。

保護自己的正直

保持正直與拿到大學學位不一樣，並不是一旦畢業，就終身都擁有學位。正直需要時時捍衛，否則就會丟失。所羅門王曾說：「你要保守你心，勝過保守一切，因為一生的果效是由心發出。」（《箴言》第四章第二十三節）。

我們買新車，要是可以永遠不必洗車，豈不是太好了？問題是車子經常接觸髒空氣、鳥糞、樹液，還有灰塵，所以我們經常需要給車子上蠟，才能保護車子的漆。上蠟之後的車子還是會沾上鳥糞與塵土，但稍加沖洗即可潔淨。若少了這層蠟作為保護，污染物會逐漸侵蝕漆層，漆層就會受損。

當今的社會，會對我們放送各種放棄正直的理由，引誘我們捨棄正道，換取利益。以為我們的正直不會有危險，以為自己強大到能抵抗周遭的負面資訊（包括荒唐人的影響），未免過於天真。我們需要仔仔細細上一層蠟，也要時常沖洗，自己的「漆」才能保持完整。平日維護車漆，比車漆失去光澤後再來補救容易。同樣的道理，保持正直也比失去之後再找回更容易。

那麼，該如何保護正直呢？

多與正向的人來往

近朱者赤，近墨者黑。有些人能讓我們更好、更強大，有些人只會耗盡我們的能量。人生規定我們必須與這兩種人相處，無可迴避。但我們若積極挪出時間，多與能讓我們有所長進的人相處，自己也會變得更正直。

當情緒幾近耗盡時，我們就再也沒有能量可以補充了。所以必須與情緒能量滿滿，而且願意分享的人相處。

留意自己接收的資訊

我爸有一次想做巧克力大理石蛋糕給我媽。食譜說要「準備兩杯麵糊，再將融化的巧克力拌進麵糊」。但我爸將麵糊（batter）看成奶油（butter），結果就加了兩杯「奶油」，等於是用了四條奶油。烤好的蛋糕大概有半英寸厚，重達五磅。蛋糕的原料決定了最終成品的樣貌。

我們的性格也是如此。思想決定了正直，而吸收的資訊又會決定我們的思想。正如那句格言：「垃圾進，垃圾出」。

多年來，妻子和我習慣在睡前看新聞放鬆心情。一般來說我很快就會睡著，但常常睡四小時就醒來，然後久久無法再入睡。我晚上也常常做惡夢，醒來只覺得不安，不覺得精神飽滿。

我最近常在思考，晚上看新聞都看了些什麼。大部分都是些負面新聞，尤其是罪案、經濟問題、貪腐。我每天就寢前最後吸收的內容，是負面的。於是我改成傍晚看新聞，大概在睡前四十五分鐘，就不再吸收刺激性的資訊。我會看一些不需要大腦高速運轉的東西，或是乾脆在我們家露台的幽暗處坐一會兒。我發現我的夢境正面多了，醒來也覺得神清氣爽。雖然晚上睡到一半還是會醒過來，但至少心情輕鬆，也能很快再次入睡。

有時我為了荒唐人的言行而煩惱，會發現以正面的資訊取代這些負面的思想，確實很有幫助。例如看一些振奮情緒的東西，讀《聖經》，在家附近的公園走走，或是與對我的人生有益的人交流。

與荒唐人相處要當心

若是有荒唐人在我們的生活「倒垃圾」，絕對要抽出時間因應，避免自己的正直被腐蝕。要把引擎蓋上的鳥糞洗掉。除非我們同意，否則別人無法擾亂我們的人生，所以定期維護、確保自己是在穩固的基礎上運作，是很重要的。

正直的基本原則

我們來看看別人說過的，有關養成正直、保持正直的智慧之言：

「做人要做到即使把你養的鸚鵡賣給鎮上的三姑六婆，也不會感到羞愧。」——美國演員威爾．羅傑斯（Will Rogers）

「你可以遠遠超越追趕你的東西，但不可能遠遠超越自己的內在。」——盧安達諺語

「不要只想超越別人，要超越自己。」——無名氏

「要做個你家的狗已經認定你是的人。」——無名氏

第16章

第七項重要特質：堅定信念

信念的價值在於什麼？

艾爾南・科特斯（Hernando Cortez）很了解信念的意義。相傳在一五〇〇年代初期，這位西班牙征服者一心想征服阿茲特克（Aztec）帝國。問題是阿茲特克帝國的人口將近六百萬，而科特斯只有五百零八名軍人、一百名水手，以及十六匹馬。他的人數劣勢大約是一萬比一，勝利的機率相當渺茫。

他知道恐懼會擊潰這隻小軍隊的信念，信念一被擊潰，就會想撤退。於是他焚毀來到此地所搭乘的船隻，斷了軍隊的後路。剩下的選擇，只有勝利或死亡。

焚燬船隻是為了強化自家軍隊的信念，但規模浩大、訓練有素的阿茲特克軍隊受到的影響卻更大。他們意識到西班牙軍隊沒有回頭路，只能拚命。而阿茲特克帝國版圖遼闊，本地軍隊萬一戰情不利，還可以輕易撤退。

結果還真是如此。兩年後，小小的西班牙軍隊征服了阿茲特克帝國。全心投入的信念，彌補了人馬、訓練，以及軍事裝備的不足。

斬斷你的後路

信念強大的人，在人際關係握有優勢。即使（尤其是）人生中有荒唐人，強大的信念也有助於他們處理人際關係。

為什麼？因為信念已經不是普世價值。以前，大家多半認為一旦承諾，再怎麼困難也會想辦法做到。如今利益已成為普世價值。我們會努力堅持，直到自己受不了，再選條好走的路退場。無論在企業、教會，或任何人際關係中，人與人的信任程度都處於史上新低。我們屢次相信別人會履行承諾，又屢次失望，於是往後更難再相信他們的諾言。

傳統的婚禮誓詞，是新娘與新郎在「上帝與諸位見證人面前」許下諾言。這聽起來就是承諾，意味著「以上帝與在場諸位為證，我將履行對你的諾言，不會讓你失望」。

我們承諾「無論病痛健康、貧富、甘苦」，都會忠於對方。但實際上履行的，卻往往只有「健康」、「富」、「甘」。一遇到「病痛」、「貧」、「苦」，關係中的一方就不見蹤影。一半以上的婚姻，都因為違背這些諾言，而以離婚收場。二〇一一年的研究顯示，選擇不結婚的美國人，比選擇結婚的多。受訪者提到的原因之一，是不想給出承諾，因為內心清楚這大概也無法兌現。[1]

在人際關係中，若能夠「斬斷後路」，會是如何？我們的承諾如果能讓人絕對相信，即使遇到逆境，我們也不會離去，又會是如何？

這對我們有好處，因為沒有撤退的可能。這對對方也有好處，因為他們能信任我們。

萬一做錯選擇

我兒子提姆跟我，去過一家菜單長達二十頁的餐廳。那家餐廳不錯，但點菜要考慮超久，因為選擇實在太多了。那天晚上，提姆拿起菜單，看了第一頁大概十秒鐘，又放回桌上。

我問：「怎麼了？」

「沒有，我已經選好要吃什麼了。」

我說：「可是你才看了一頁。」

「沒錯，我發現在這樣的餐廳，只要從頭開始看菜單，一看到覺得還不錯的，就停下來選這個就好。下次如果再來這家餐廳，我就從菜單裡的這道菜開始往下看，一樣是看到喜歡的就選。」

我思考了一下，覺得這樣選擇真是聰明。我們面臨太多選擇，反而無從選擇，因為擔心自己會選錯。「我點了這道菜，萬一又看到更喜歡的怎麼辦？會不會後悔剛才選了那道菜？」提姆的解決方法，是做了決定就放下菜單，不給自己比較的機會，也就不會為難了。

人生的許多領域皆是如此。很多人不喜歡做關於購物、就業、房屋、配偶之類的選擇，唯恐選擇了之後又發現「更好的」。我們覺得還是不要做選擇，往後就能再多看多比較。

舉例來說，如果抱持這種不想選擇的心態，婚姻就難以經營下去。夫妻互許終身，但每當遭逢逆境，他們就會懷疑自己是不是做錯了決定。如果還有離開這個選項，他們也會更容易選擇結束這段關係。但如果已經下定決心，他們就會更有動力克服難關，維繫這段婚姻。

想做出最好的選擇，很容易演變成無法選擇。我們家的人常說：「你做的決定不見得正確。但一旦做了決定，就不要三心二意。」意思是：如果已經點了餐，就放下菜單吧。

堅持的報酬

我從不會幫租來的車子清洗、上蠟。我並不會存心不愛惜車子，也會小心避免刮傷、碰撞，但車子畢竟不是我的，而且我只擁有一天（還花了不少錢），所以對待租來的車，跟對待自己的車還是有差別。有時候我會開得稍微狠一些，或不避開在平常會繞道的不平路段。開自己的車子壓過路上的坑洞，我都會很擔心，唯恐弄亂了四輪定位、過度磨損輪胎，或是發生其他問題。但開租來的車壓過坑洞，就完全不用擔心，因為過了那天，我就不會再開這台車了。我內心深處的想法是「車子不是我的，用不著傷腦筋」，還有「我花錢請他們去傷腦筋」。（好吧，也許我那天心情不好……）

我也知道車子明天會是別人在開，而那個人也會有自己的駕駛習慣與問題。如果車子每天都有人租用，那每年就會有三百六十五位不在乎車子的長期保養的駕駛。他們對待租來的車子，跟對待自己的車子不同，因為不在意租來的車子長期的狀況，也不在乎租來的車子是否洗過、上過蠟，或者有無保養。他們只希望能用上一整天不出問題，用不著了就歸還。

許下承諾，就等於表明了為一段關係負責任的態度。如果承諾以全年無休、每日全天候運作的心態來投入，就不會把這段關係當成租來的車子。我們會清洗、上蠟，也會好好保養。

你可能會說：「車子是一回事，我可以挑選我喜歡的車子，但我身邊的荒唐人，那些荒唐的同事、鄰居、姻親，還有前夫前妻那邊的親戚，我都無從選擇。是我自己選擇走入這個環境，但他們也是環境的一部分，我只能接受，沒辦法把他們趕走。」

確實是如此。必須長期與荒唐人打交道，你可能會感覺人生被這些人拿捏。如果一直想著這些人是命運硬塞給我們的，只會永遠因為無法擺脫而鬱悶。唯有**接受**並且**適應**，才有機會擁有健康正向的前景。

接受表示不去對抗無可避免的事情，接受無可避免的事情存在於我們的人生。**適應**

則表示既然改變不了現實，就依據現實予以回應。我們改變自己。

有時候最好還是跟荒唐人保持距離，例如自己的生命，或我們在乎的至親好友的生命受到威脅的時候。但如果每一次都想也不想就直接離開，那就永遠享受不到長期經營人際關係的好處。

是維持，還是創造和平？

奈特在一個不喜歡衝突的家中長大。成年之後，他也習慣迴避衝突，而且總把自己當和事佬。遇到棘手的人際關係，他並不會逃避，所以他覺得自己展現了有擔當的一面。但他總是迴避家人之間難解的問題，所以他的人際關係風平浪靜……表面上是如此。

後來他跟薇琪結婚，而薇琪的家人把衝突當成一種休閒娛樂。他們結婚至今十五年，有了三個兒子，這之中即便身處逆境，奈特依然對家庭忠誠。但他發現一旦衝突爆發，自己就只顧著討好各方，而不是嘗試解決問題。畢竟他這個人就是和事佬。

奈特想做個更好的丈夫與父親，於是向諮商師求助，希望能更了解自己，並找到不斷成長的訣竅。他告訴諮商師，自己喜歡扮演和事佬的角色，結果諮商師說：「你的所作所為不是在創造和平，而是在維持和平。維持和平的人，只是試圖**維持**現狀。而創造和平的人會願意面對問題，然後努力**創造**和平。」

奈特與薇琪擁有健康的婚姻，而且兩人都仍在成長。天性使然，奈特還是喜歡維持和平，但也了解了創造和平的重要性。他不喜歡跟人理論，但若有必要還是會這麼做。他們夫妻之間若沒有承諾，婚姻不可能經營得如此穩固。他們一路上遇到不少風風雨雨，如果一遇到困難就跳船，也成就不了現在的自己。

不幸的是，人在遇到困難時就消失，這種例子並不稀奇。這也是為什麼抱持「就算我愚蠢至極，對方也願意長遠相伴」的信念，會對人際關係的影響如此深遠的原因。唯有處在忠誠且穩固的關係中，雙方才能有所成長。

美式足球教練文斯．隆巴迪（Vince Lombardi）曾說：「當一個人確立了某種生活方式，就等於擁有這世上最強大的力量。這就是所謂的心的力量。一個人一旦做出這種承諾，就沒有什麼能阻擋他成功。」[2]

簡而言之：斬斷後路，是建立良好人際關係、與荒唐人打交道的最佳辦法。

承諾的意義

既然我們天生不喜歡奉獻，又該如何學會奉獻？

想想那些曾經為你奉獻的人。你的人生中，可曾有人一直為你付出，而你漸漸視其為理所當然？這樣的付出，對你們的關係有什麼樣的影響？基於相信對方不會離開的前提，這段關係與其他的關係又有何不同？

差異通常在於無條件的愛。無條件愛我們的人，不會一直想要匡正我們，而是接受我們原本的樣子。他們付出無條件的愛，就能以正當的方式激勵我們成長。即使我們沒有成長，他們也不離不棄。

希拉的青少年時期，有過幾回荒唐的經歷。她的所作所為，完全不符合父母（還有她自己）的價值觀。然而幾年後，療癒拉開序幕。她對父母說：「無論我的行為多荒唐、決策多愚蠢，都有一股力量一直將我拉回正道。這股力量就是我知道無論如何，你們都愛我。你們表達了對我的愛。你們不欣賞我的所作所為，我深深傷了你們的心。我知道你們有時候很生氣、很失望，但我從未懷疑過你們對我的愛。」

所羅門王曾說：「你許願不還，不如不許。」（《傳道書》第五章第五節）。承諾除了許下諾言之外，更要履行諾言。信守承諾應該是我們一生奉行的情操。但凡內心夠堅韌、知道該如何搞定荒唐人的人，都具備信守承諾的特質。

想想你曾經許下的承諾。你展現了多少履行承諾的誠意？你的另一半不完美，你的子女快把你搞瘋，你的老闆顛三倒四，其實都無所謂。重點不是他們，而是你。

無論你身邊的人荒唐與否，承諾是最能感化他們的力量。

第四部分

改變你的環境

第17章

分清關係的優先次序

你可曾注意到，隨著年齡增長，我們變得越來越忙碌？每一年都帶給我們新的機會，新的挑戰，新的人際關係。這並不是說突然有幾百人降臨在我們的人生中，而是我們除了要經營現有的人際關係與責任，還要分心照應新降臨的人際關係與責任。久而久之，難免覺得無力應付：

- 有人推薦了一本你正需要的書。
- 你聽說新開了一家「不容錯過」的餐廳。
- 有位老朋友透過社群媒體聯繫你。
- 你在教會遇到了有助於個人成長，還能拓展視野的新機會。

- 你展開一段想要好好呵護的新關係。
- 升遷之後，你薪水增加，但責任也變重了。
- 你上課修學位，必須完成大量的作業。
- 子女漸漸長大，而你必須付出更多時間、心力以及神智。

注意以上這幾項的共同點：都是**好事**。我們並不是在定期記錄「本月惡行」。這些好事都能豐富我們的人生，所以我們全都想做。

問題是，我們要做那些新增的事，已經在做的卻沒有減少。我們沒有用更該做的事取代該做的，而是把待辦事項弄得更多，又因為無法兼顧而內疚。

幾星期前馬可參加我的講習時，談起他面臨的困境。他是個經驗豐富的音樂工作者、作曲者，也是發行過專輯的藝人，十五年來多次登上世界各地的表演舞台。現在他想放慢腳步，培養年輕一代的音樂工作者，以自己的經驗，指導他們經營音樂事業。

他說：「我這些年在世界各地結交不少人。我不想拋棄這些交情。但要朝著新方向前進，勢必得付出許多時間和心力。我把重心放在培養後進的同時，也會建立新的人際關係。建立有品質的新關係時，我該如何兼顧現有的好友？」

這確實不好解決。大多數人常常面臨類似的問題。我們開拓新目標，但也不想捨棄現有的東西。不久之後，我們的衣櫥、車庫、檔案櫃，甚至心靈都被塞滿，感覺無力招架。

想徹底解決，首先必須接受一個絕對的、無可否認的事實：

時間是有限的。我們一天只有二十四小時。

機會成本

若認為自己無所不能，能面面俱到，就永遠解決不了過度承擔的問題。我們只會參加時間管理課程、閱讀自我成長的書籍，想辦法塞更多要做的事情給自己。這樣做只是暫時有用，但就像去重排**鐵達尼號**甲板上的躺椅，是比較好看，但還是避免不了沉船的結局。

每個人應該都認識一個比自己能幹，能做更多事的人。我們很有可能會想：「嗯，這個人的時間八成比我多。」但人家跟我們一樣，一天都是二十四小時。只是不知為何，人家的生產力就是比我們高。

不過有個更大的問題。我們做的如果不是**該做**的事情，那做**再多**也沒有意義。

這個概念，在經濟學中叫做「機會成本」，意思是你答應做一件事，就等於拒絕在同一時間做其他事。你開會一小時，那麼在那一小時之間，就不能運動、打掃或閱讀。你跟朋友講電話，就等於失去了用這段時間洗車的機會。要帶孩子去迪士尼樂園玩，就不能給草坪除草。

這些都是該做的事，但我們一次只能做一件。時間是有限的，我們不可能面面俱到。想解決，就要將能做的事定出優先次序，判斷哪些值得我們花時間去做。

假設你家失火，你知道房子會在幾分鐘之內被大火吞噬。那你會帶著哪些東西衝出家門？幾乎每個人的答案都一樣：最有價值的東西。最有價值的通常是家人、寵物、相簿，以及其他無法取代的東西。誰也不會衝回還在燃燒的家，就為了拿自己最喜歡的馬克杯。

關係的機會成本

一樣東西對我們來說越有價值，我們就越謹慎。所以我們才會小心避免筆記型電腦摔在地上，或是一杯檸檬水灑在鍵盤上。

人際關係也是如此。我們也許有許多不錯的人際關係，也很珍惜每一段關係的獨特之處。但我們的時間與心力畢竟有限。我們花時間跟一個人相處，同一時間就無法跟另一人相處。這樣說也許顯得太狠心，但我們也要理出人際關係的優先次序，依據不同的人對我們人生的重要性，判斷該花多少時間跟對方相處。

我的妻子黛安，是這個世界上我最重視的人。我承諾要與她相伴一生，所以我必須投注最多資源，經營與她的關係。我也有自己的事業，需要滿足某些人對我的期待。我的工作是我人生的一大重心，需要付出大量的時間與心力經營。但如此一來，我能陪伴黛安的時間就會變少。

有時我會出門遠行，一連幾天都不在家，當然也就沒能陪伴黛安。回到家，我可以跟很多人聚聚。跟這些人相處是很開心，但我覺得以黛安為優先最值得。我可以換工作，換地方住，也可以改變我所處的情況，但我沒打算換掉妻子。

荒唐人的成本

荒唐人往往耗掉別人很多心力，但把心力浪費在這種人身上並不值得。荒唐人搞得我們的人生烏煙瘴氣，害我們脫離設定點，而我們會下意識想要解決問題，回歸正常生活。這讓我們耗費太多時間與心力在荒唐人身上，卻沒有多少能留給其他人。

人際關係並非生而平等。想擁有正常生活，唯一的辦法就是定出人際關係的優先次序，依據不同的人在我們人生的重要性，判斷該分配多少時間給對方。越重視一個人，就該分配越多時間與心力給他；越是不重要的人，我們分配的時間與心力也就應該越少才對。

定出了優先次序，就能避免自己的情緒被某些荒唐人綁架。我們對荒唐的另一半或家人付出的情緒能量，應該要比對難搞的鄰居或愛吹口哨的同事付出的多。但對於偶爾出現的那些鬧事者，我們似乎更難置之不理。

我在講習偶爾會遇到這種狀況。五十個學員齊聚一堂，可能有四十九個聽得懂我講課，一位完全聽不懂。他可能會跟我唱反調，而且純粹是為唱反調而唱反調，並不是真的有意見。我很想「拯救」這類學員，引導他們專心聽課，但要是在課堂上這麼做，就會犧牲其他學員的權益。我不能只為了把這位學員的注意力拉回來，而不顧其他學員，應該利用休息時間私下指導較為合適。

領導者的啟示

耶穌就是懂得定出人際關係先後次序的典範。我們知道祂愛世人，總是立刻滿足世人的需求。但他花較多時間與最親近的人相處，與其他人相處的時間則較少。我們知道他一次會對著成千上萬的人，發表對人生有益的智慧之言。然而他大部分的時間與心力，還是投注在十二門徒身上。

在十二門徒當中，耶穌傾注畢生之力培養其中三位。他將最多的時間與心力用於培養這三位門徒，而他們後來也改變了世界。

隨便問幾家大型非營利組織的領導者，他們都會告訴你：掌舵的困難之處，在於組織太龐大，難以與個別員工深度交流。他們會在開會的時候跟志工談話，也會盡力讓大家聯絡得到自己。但他們也知道時間有限，所以分配資源給組織內部的幾位主管，讓他們照料志工的需求。即使是主管，也只能與幾位主要的志工來往，由這幾位志工將主管的熱誠擴大到整個組織。

十一年來，我們夫妻都在教會開設輔導年輕夫妻的課程。我們是在子女離家、自己進入空巢期，能挪出情緒能量給其他人之後，才開始授課。我們陪伴那些夫妻走過婚姻的初始階段，共享他們組織家庭的喜樂與難題。久而久之，他們也成為我們的好友。

但十幾年後，我們的重心又有所調整。換工作、孫子女出生，以及新的時間壓力，輪番成為我們優先處理的事項。我們雖然難受，也捨不得自己長年關懷的學員，卻不得不做出停止授課的決定。我們知道自己的時間與心力有限，所以必須做出調整。

歌德曾寫道：「最重要的事情，永遠不能受最不重要的事情擺佈。」[1]人生的每個領域，包括人際關係皆是如此。

預防抓狂的人際原則

定出人際關係的優先次序，並不能解決所有的問題，但還是可以幫助我們確立一個架構，決定要深耕哪些人際關係，並確保生命中的每一個人，都能得到該有的關注：

- 越親近的人，越該得到我們的關注。
- 與我們關係較淺的人，應該分得較少關注。

昨天我開車到了一個擁擠的十字路口，就在車子暫停時，我聽到附近有人在吼叫。幾條車道之外，有個人在紅燈時下車，怒氣沖沖地走向後面的車子，情緒完全失控。我看不見後面的車子裡有誰，是否有所回應，又是如何回應。怒髮衝冠的男子又叫又跳，厲聲指罵。幾分鐘後，紅燈轉為綠燈，他又怒氣沖沖回到自己的車子，駛離街道。

我不曉得他認不認識後方車子的駕駛。也許他們是親戚，但我猜應該只是個得罪他的陌生人。一般而言，一個人的怒氣如此沸騰，並不是發洩完畢，心情就會好轉。他接下來大概會像個瘋子一樣開上一大段路，危及附近其他駕駛的性命。回到家之後，又繼續對著家人發牢騷。

這就叫做分配太多注意力，在自己完全不認識的人身上。但任由荒唐人左右自己的情緒，往往就會落得這種下場。我們虛擲太多時間與情緒能量在他們身上，而對我們來說最重要的人，反而得不到**該得到**的時間與情緒能量。把心力消耗在不該消耗的地方，也等於是坑害自己。

那想重新分配自己的時間，我們該從哪裡做起？

可以把它想成個人理財。金錢本身是沒有價值的，就只是印上墨水的紙而已。我們決定了錢的用途，錢才有價值。拿錢去餐廳消費，錢就有了食物的價值；拿錢去劇院消費，錢就有了娛樂的價值。

我們都聽過「時間就是金錢」這句格言。這句話從各方面來說都有道理。一小時就像金錢，本身是沒有價值的，只是一個時間單位。我們想好用途，時間才有價值。我花一小時與子女相處，這一小時就有了家庭的價值；我花一小時工作，這一小時就有了工作的價值。

但時間與金錢有個重大的差異。我們可以選擇不花錢，可以把錢存起來，暫時放著，或是拿去投資。但我們無法選擇不花費時間，且必須花費自己擁有的每一分、每一秒。把時間用在何種用途，決定了時間帶給我們的價值。同樣的時間，就不能用在其他人、事上面。而時間一旦用掉，就再也回不來。

這就是機會成本。我們會用去自己擁有的每個小時。自己不決定時間的用途，別人就會幫我們決定。

今天，誰最值得你花費寶貴的時間？

第18章

人際關係沒有保固

艾莉森一星期去四次健身房。她參加飛輪課與瑜珈課。她不吃紅肉，吃的蔬菜都是自己種的，只喝純淨水。她也吃營養補充品，還會擦防曬油。

派翠克一星期吃四次培根。他一邊吃洋芋片，一邊看減重主題的真人實境電視節目。他的重量訓練計畫就是站起來。他用手指頭把美乃滋從瓶子裡挖出來吃。他還在自家車庫裝了一台汽水機。

這兩位誰會活得比較久？

艾莉森小心翼翼維護自己的健康，卻可能在走在停車場時，被一個一邊開車、一邊傳簡訊的駕駛撞。派翠克也有可能活到一百歲，跌破眾人眼鏡。

這樣公平嗎？不公平。人生是無法保證的。我們做最壞的打算，但期盼最好的結果。艾莉森與派翠克都無法掌握人生的每個層面。在正常的情況下，我們的選擇能決定最終的結果，但誰也不能保證會是怎樣的結果。我們唯一能控制的是自己的選擇，而非結果。

還要多久，才能改變？

前面已經說過，憑我們自己是無力改變他人的，我們只能改變自己。要是以為只要撐得夠久，荒唐人就會清醒，那八成會失望。想避免受害，唯一的辦法是做正確的選擇，不是因為能感化他人，而是因為這些選擇是我們該做的。

荒唐人要是一直不改變，我們也很難有繼續努力的動力。意志力會耗盡，油箱也會見底，我們心想：「情況什麼時候才能好轉？」

誰也不能保證。也許永遠都不會好轉。荒唐人永遠不會改變。想要擁有零抓狂的人際關係，唯一的辦法是專注在自己，而非荒唐人身上。我們才是能改變的人。

在人際關係中做出正確的選擇，並不是一勞永逸。我們必須日復一日，一而再、再而三地做出正確選擇，才能維持動力。作家吉格・金克拉（Zig Ziglar）曾說：「很多人說，動力是維持不了多久的。這個嘛，其實洗澡也是，所以才會建議最好每天都洗。」[1]

沒保固的無價商品

幽默作家爾瑪．邦貝克（Erma Bombeck）曾說：「婚姻是沒有保固的。想要保固，還是去跟汽車電池生活在一起好了。」[2]

所謂保固，就是承諾某物的表現會符合預期。我們買新車、新家電，會認為性能應該要符合說明書上的保證。要是不符合，製造商就必須修好，或是換貨。大多數的人不會花大錢買沒有保固的東西。

人際關係若是也有保固，該有多好？認識的人一旦變荒唐，我們就可以打電話給店家，請他們換一款更好的：「不好意思，這一台壞了。我覺得我買到機王了。什麼時候能修好？」

可惜人生並不是這樣。我們的人際關係就像二手車，是「現況交貨」。出了問題就只能修理，或是勉強使用。但無論我們怎麼做，他人依然有可能故障（這表示故障的不

是我們）。在現代的社會，常有人對一段關係不滿意，就立刻轉身離去，居高不下的離婚率就是明證。但真的有心長期經營婚姻，就要分清楚哪些可以改變，哪些無法改變。

我們**無法**改變什麼？其他人。我們**能**改變什麼？自己。對方不改變該怎麼辦？**接受**（現實情況）與**適應**（改變我們的思考與回應）。

《聖經》有不少段落都教導我們，要為自己負責，而不是為別人負責。僅僅是《羅馬書》的一章，也就是第十四章，就有不少例子：

「你是誰，竟論斷別人的僕人呢。他或站住，或跌倒，自有他的主人在。」（第四節）

「你這個人，為什麼論斷弟兄呢？又為什麼輕看弟兄呢？」（第十節）

「我們各人必要將自己的事，在神面前說明。」（第十二節）

「所以我們不可再彼此論斷。」（第十三節）

原則很簡單：我們只為自己的選擇與行為負責，不為別人的選擇負責。

只為自己負責

如果你經歷過兒女的青少年時期，那應該很熟悉這種兩難的困境。我們有責任教導子女成年，也會立下一些規矩，免得他們走偏。這樣做的目的，是要輔導子女成為負責任的成人，能獨立運作，也能做出睿智的決策。隨著子女年齡漸長，我們就將越來越多做決策的責任移轉給他們。

昨天我去了家附近的公園，坐在湖畔看著鴨子家族在岸邊游動。鴨爸媽帶著一隻鴨寶寶游，第二隻鴨寶寶則獨自游向不同的方向。不久之後，幾隻大鴨子將這隻鴨寶寶團團圍住，顯然不懷好意。鴨寶寶開始驚慌。

鴨媽媽暫時離開家族，游向被圍住的鴨寶寶，直到那幾隻大鴨子離去。她溫柔地領著鴨寶寶與家族團聚。

鴨子一家齊聚之後，鴨媽媽用力啄脫隊的那隻鴨寶寶，力道大到鴨寶寶全身沉入水中。鴨寶寶一起身，鴨媽媽就又啄一次。鴨寶寶都還沒浮出水面，鴨媽媽就啄第三次。從那之後，鴨寶寶就緊跟著家人了。別惹鴨媽媽不開心……

鴨媽媽為何這樣做？我無法透視鴨子的大腦，但我認為她是想讓鴨寶寶知道規矩的重要。再過幾個月，這隻鴨寶寶就會長成，也會獨立生活。到時候鴨寶寶有可能清楚規矩，也有可能不曉得。總之，鴨媽媽不會再為鴨寶寶的選擇負責，鴨寶寶必須自行負責。

我們夫妻倆的小孩都成年了。我們也會參與他們的人生，助他們一臂之力（他們需要時，也會給予指導）。但我們無法為他們的選擇負責，只能接受他們總有一天，大概會做出我們覺得荒唐的決策。我們的父母也曾覺得我們的決策很荒唐。

《聖經》的《以西結書》有個很好的故事，主角是祖父、兒子，還有孫子（《以西結書》第十八章第五至二十節）。祖父向來循規蹈矩，為人正直。兒子卻恰好相反，倒行逆施。孫子又是兒子的相反，也是個規規矩矩的人。誰該為誰的行為負責？

這段經文告訴我們，每個人都必須為自己的行為負責。「兒子必不擔當父親的罪孽，父親也不擔當兒子的罪孽。義人的善果必歸自己，惡人的惡報也必歸自己。」（《以西結書》第十八章第二十節）

我們生命中的每個人皆是如此。我們為我們自己負責，他們為他們自己負責。了解這一點，就打好了與荒唐人相處的基礎。我們無法保證能讓荒唐人變好，但還是可以好好思考該如何回應荒唐人。有時最好的辦法是正面對決、立下界線，或是確保自己與家人的人身安全以及情緒穩定。有時必須多與荒唐人接觸，有時則得避開。

這就回到先前提過的概念：**指望**與**期盼**的差異。要是**指望**別人會改變，只會害自己失望。我們以為自己做了該做的，對方終究會改變。但這種想法不切實際，畢竟誰也不能保證。

心懷**期盼**較為健康。期盼就是竭盡全力改變現況、感化對方，希望能有好結果，同時也要接受也許什麼都不會改變的事實。期盼就是不脫離現實，但還是預期每一段關係未來可能有的樣貌。

我們夫妻與一對夫妻熟識多年。他們的婚姻波折不斷，我們費了不少時間、心力和資源來關懷陪伴。我們沒有特定的目標，純粹就是陪伴，適時加油打氣。他們這一路上有起有落，時常有些起色，幾個禮拜後婚姻又瀕臨破碎，我們也不知道他們能否走下去。

我們陪伴他們，若是指望他們會改變，那就是不切實際。我們之所以一路相伴，是因為有愛。無論他們的婚姻能否維繫，我們都愛他們。是，他們的婚姻如果破裂，我們當然會傷心，但我們對他們的愛依舊。

這就是期盼，知道人際關係是沒有保證的，但也知道還是有種種可能性。

跟荒唐人相處，想避免被波及，唯一的辦法就是盡力做好自己能做的。我們努力提升自己，秉持操守與他人來往，就能找到做出正確、睿智的選擇所需的力量。

誰知道呢？他們也許會改變。即使沒有，我們也有所改變了。改變自己，就改變了一切。

第19章

選擇離開的時機

四十歲的吉姆，職業生涯至今都待在金融業。他對金融業瞭若指掌，在睡夢中都能侃侃而談（這大概也真的會發生）。他能力不俗，也頗有自信。

多年來，吉姆在幾家金融機構任職，見證了不少興衰。但他的上一份工作，把他逼到了極限。身為營運總監，他的職責相當龐雜。當時他所任職的銀行業績低迷，吉姆知道自己的付出，能讓銀行的發展重回正軌。

問題出在他的老闆。照理說老闆應該為員工排除障礙，讓員工得以發揮所長，大展身手。但這位經理本身**就是個**障礙，不肯聽吉姆的構想，事情再小也要管。吉姆覺得自己被貶低，既灰心又無力。

吉姆知道自己不能一直這樣下去。當然，他可以衝進經理的辦公室大吼：「我受不了了。你是神經病！我不幹了。」但他也知道這樣做太過衝動，有欠考慮，對自己沒好處。於是他選擇這本書介紹的，較為理想的三步驟流程。

第一，他努力改變現狀。他以理性、影響力，以及審慎的對抗，改變經理與他之間的關係。他向自己敬重的商業界人士，請教該如何處理眼前的問題。他把重心放在協助上司，肯定上司。但他努力了一陣子，什麼也沒改變。

第二，他改變自己的態度。既然認定了情況不會改變，吉姆意識到自己可以是受害者，卻也可能成為贏家。要當個受害者很容易，只要讓環境控制自己的情緒即可。這就是他一開始的狀況：覺得無助，無心工作。但關心他的朋友給的建議，帶來了改變的契機。他不當個受害者，而是明白以目前而言，這就是他的工作。他決定竭誠對工作付出，趁著自己還在公司服務的時候，盡可能從困境學習。他再度全力投入工作，即使周遭的人不友善，也竭盡所能付出。他說：「我想起我認真工作不是為這些人，而是為了上帝，這才有了轉機。」

在這段期間，吉姆採取了第三步：改變自己的環境。他知道，一直處於這樣的環境對自己的身心無益，於是開始尋找新機會。在經濟不景氣的階段，找新工作確實無比艱難。但他一邊為現在的公司全力以赴，一邊持續探索各種機會。幾個月後，他在新的產業找到新的工作。

結果還是一樣的：他換了工作。但並不是在盛怒之下衝動行事，而是依循三個步驟，確保能有最好的結果：

一、改變情況。

二、改變你的態度。

三、改變你的環境。

吉姆在整個過程中有所成長，離開先前的公司時，也能保有健康的心態。

我們面臨的困境也許細節不同，但情節大致相同。無論是不可理喻的老闆、什麼都要管的父母、要求很高的另一半、淘氣頑劣的子女、三姑六婆的鄰居、不識相的朋友，或是荒唐的兄弟姐妹，總之別人的選擇總在擾亂我們的人生。

有時候我們會感到絕望。我們困在一份工作，或是一段關係中，找不到出路：

- 「我獨自撫養子女，我不能辭職。」

- 「我的另一半會家暴，但我無處可去。」
- 「我姐快把我搞瘋了，但又無法擺脫她。」
- 「我爸媽什麼都要管，但我又不能忤逆他們。」
- 「我要是跟他們正面衝突或斷絕關係，他們一定會爆炸，那我可受不了。」

這些情況都牽涉到我們在乎的人。正是因為在乎，這些人才會讓我們抓狂。共事的對象要是有同樣的行為，我們說不定還會覺得很有趣，但如果是我們在乎，卻又無法擺脫的人，這就令人絕望了。

眼看著對立的局面不斷加劇，我們不知道自己還能忍多久。內心的每一個聲音，都在大喊快逃，快逃離這個狀況。

那離開是件壞事嗎？

在大多數的情況，如果是衝動之下，未經深思熟慮就離開，那就是件壞事。但如果經過深思熟慮，認為不得不離開，那就是最理想的解決方案。

該離開，還是該留下？

每個情況都不一樣，所以沒有什麼一體適用的確認清單。如果有，那倒是很方便，但有多少種情況，就會有多少種解決方案。一般而言，所有的解決方案不外乎三種行動：

一、停留在困境。
二、離開困境。
三、停留在困境，但準備好因應的對策。

停留在困境

停留在困境，而且**不打算改變現況，也不打算改變自己的回應方式**，多半不是個好辦法。忽視眼前的問題，問題也不會消失。我們希望情況會好轉，荒唐人會改變。是，是有可能，但彩券中獎也有可能。我們知道中大獎的機率微乎其微，但還是繼續買彩券，因為「一券在手，希望無窮」。有句老話說得好：「延續向來的作風，就會延續向來的結果。」想要有所改變，就要改變做法。

為何有人停留在困境，不肯離去？原因可能有好幾種：

- 擔心自己要是辭職，或是斷絕關係，荒唐人不曉得會做出什麼事情來。
- 擔心自己要是離去，未來不知會如何。
- 擔心別人會怎麼說。
- 擔心未知的事情。
- 習慣了受害者的角色，不知道人生還有什麼可能性。
- 聽信了好意想幫忙，同時卻想匡正自己的朋友的建議。
- 害怕衝突。
- 想保護荒唐人。

這些原因多半與**恐懼**有關。看似不太合理，但每個人在任何情況，都會有情緒設定點。到了某種程度，人會寧願承受痛苦，也不願面對未知的前景。所以才會有人即使受到老闆苛待，也不願辭職離去：這是他們唯一熟悉的環境，而採取斷然的行動，會帶來風險。

停留在困境的原因中最危險的，就是想保護荒唐人。我們怕別人對荒唐人印象不好，或是荒唐人讓我們尷尬，所以替荒唐人的所作所為找藉口。問題在於保護荒唐人，他們就不必承受自己行為的惡果；沒承受惡果，就不會有動機改變。他們可能會道歉，承諾未來會改進，但承諾必須有實際的表現支撐。我們盲目的忠誠，反而有礙治癒。

停留在困境不打算改變，就好像不去修補漏氣的輪胎，還一直往裡面打氣。

離開困境

離開，應該是深思熟慮之後再做的決定，是窮盡其他選項卻再無辦法的時候，才不得不選擇的路。離開也許是辭職，改換教會，或是遠離有害身心的友誼。在衝動之下斷然離開，是可以擺脫令我們不悅的情況，卻無法解決問題的源頭。

每段人際關係的問題，都與兩人甚至更多人之間的互動有關。過錯也許多半在荒唐人身上，但我們也該思考自己的言行是否有瑕疵，包括自己如何回應、說了些什麼、做了哪些選擇。要是不肯務實以對，不去面對自己的過錯，下次遇到狀況，態度與回應同樣會有問題。

你可能會說：「好，我已經用盡辦法想改變現況，卻是徒勞無功。他們還是那麼荒唐。我調整了我的態度和回應，但已經無計可施了。要到什麼階段，我才應該下定決心改變？」

同理，這也沒有絕對的答案。但你可以思考下列問題：

- 我是不是只能當個受害者？
- 我是否會因為別人的選擇而受害？
- 我（或是我負責照顧的人）是否會有危險？
- 如果我離開，究竟會犧牲什麼？
- 如果繼續停留，又會付出什麼樣的代價？
- 如果我離開，該怎麼做才能徹底解決問題？

前三個問題中的任何一個，即使你的答案是「是」，也不代表非離開不可。但與後三個問題的答案放在一起判斷，就足以做出審慎的決定。

停留在困境，但準備好因應的對策

同樣是停留在困境，毫無因應對策與備妥深思熟慮的計畫，還是有很大的差別。毫無對策卻指望情況會改變，叫做一廂情願。要有因應對策，才會有真正的希望。

我們即使決定留下，也不該是因為覺得應該「堅持下去」，而是因為認為：（一）這段關係有足夠的價值，值得我們努力，（二）足夠的跡象顯示，對方也願意努力改變。對方要是不願意努力，就無法看到任何結果，也就是不會有任何改變。我們不會想在還沒找到其他工作的時候，就衝動辭去現在這個讓人抓狂的工作。但要是繼續做這份工作，卻不去積極改善現況，那只會繼續受害。

規劃人際關係的藍圖並不簡單。如果是不重要，甚至令人不悅的關係，就沒那麼困難。但如果是跟另一半，或是家人之間的關係出了問題，最好請專業顧問協助定出新路線。總之，計畫應該要能夠因應自己心中的怒氣與傷痛，也要有策略處理棘手的問題。我們也要明確定出與此人相處的身體及情緒界線。美國詩人羅伯特・佛斯特（Robert Frost）說得好：「籬笆扎得牢，鄰居處得好。」要留下來，也該有個計畫。

留下來的力量

我們若決定留下來繼續努力扭轉頹勢，以下是有助於順利進行的幾個建議：

- 思考你擁有的選項。在決策之前，一定要先有計畫。
- 想想如果要留下來，哪些事情是不能妥協的。要設下有助於計畫進行的界線。
- 在這段關係中，要想辦法做自己。假裝自己沒事，時間久了只會耗盡自己的心力，關係也不會有所成長。
- 一切要以事實為依據。要摒除恐懼、偏見，以及不正確的觀點，認清真正的事態。要看清感受背後的事實。
- 把你繼續留在這段關係的時間，當成你們雙方努力改善相處方式的測試期，就有機會評估關係是成長還是衰敗。若沒有進步，那就再回頭評估是走還是留。
- 當自願犧牲的烈士並不偉大。別把在有害身心的關係中硬撐，當成英雄的表現。
- 為自己的決策負責。天下沒有完美的選擇，因為每個決策都有好處與壞處。與其拚命想做出萬無一失的選擇，不如做一個理想的選擇，再盡力讓它成為最好的選擇。

- 要讓對方在關係中負起應負的責任。我們要照顧自己，他們也要照顧他們自己。我們不必去拯救對方，而是要讓對方自行做出選擇，也自行承擔後果。

選定決策

寫下你覺得最難相處的三個人的名字，再寫出原因。依據難相處的程度，將這三個人排序。看看排名第一的那位，想一想：我要是跟此人**斷開**關係，最糟糕的結果會是什麼？最好的結果又會是什麼？要是**繼續**跟此人相處，最糟糕的結果會是什麼？最好的結果又會是什麼？

再把這份排名拿給一位立場客觀、值得信任的朋友看，確認你的觀點有無扭曲。

要解決人際關係的問題並不容易。但只要睜大眼睛、認清現實，就能正確評估，做出睿智的決策。

任由自己耗在有害身心的人際關係，沒有任何打算，是很危險的。猶豫不決也不是理想的選擇。我們可能選擇離去，也可能選擇留下。搖擺不定，才是災難的根源。

第五部分

付諸實踐

第20章 放下完美主義

金姆的家很整潔。不對，不只是整潔，簡直一塵不染。她每天早上起來，立刻整理床鋪。她會做早餐，而且絕對要洗完碗、把一切收拾好，才放心去上班。她每隔一天就會吸塵，如果可能有人來訪，那次數還會更頻繁。車子總是洗得乾乾淨淨，家裡的植物也修剪整齊。她沒有多少空閒時間，常常覺得事情忙不完。小偷要是闖進她家，可能會以為自己置身樣品屋。

家裡收拾得乾乾淨淨有錯嗎？要看動機。金姆也許真的很喜歡打掃，也很享受住在乾淨整齊的家的快樂感。但如果她是想打造完美的形象，這心態就不健康了。因為她只顧著營造完美的效果，卻無法享受成果。

金姆的完美主義也延伸到了工作。常常最後一分鐘才交件，因為她總是修訂再修訂。她擔心別人對自己印象不好，所以不做到完美絕不提交成果。她為自己的工作表現和職業生涯，設置了難以想像的高標準，覺得這才能展現個人實力。同事都欣賞她積極進取的衝勁，但她也納悶，為何至今沒有一位同事與她深交。

卓越與**完美**只有一線之隔。我們可以做到卓越，卻永遠無法做到完美。執著於完美，只會累垮自己。

執著完美的根源

這本書談的是荒唐人，照理來說不該談到完美主義。但我們跟荒唐人打交道，卻最常用完美主義當藉口，好讓自己能活下去。

用的方法是這樣的：

我們不希望別人對我們印象不好。別人要是對我們印象不好，我們就會脫離自己的情緒設定點，然後一心想回到舒適區。我們心想：「只要做到無懈可擊，那些荒唐人就會感謝我。」而且認為越接近完美，荒唐人能批評的就越少。

聽起來很合理，對吧？我們沒被人論斷或騷擾，理論上壓力應該要減少才對。但經歷過的人就知道，壓力反而會增加。誰都無法達成完美，想長期維持完美的形象，只會弄得自己身心俱疲。想把人生的每個細節處理到完美，要耗費的心力超乎想像。

如果讓別人的意見決定自己的價值，就會渴望別人的肯定。會覺得別人若看到了我們的不完美之處，就不會喜歡我們。所以一定要做到完美，才能避免引起別人反感。

牧師包約翰（John Powell）在《為什麼我不敢告訴你我是誰？》（*Why Am I Afraid to Tell You Who I Am?*）一書中，一語道盡這種心態：「我不敢讓你知道真實的我，因為一旦知道了，你不見得會喜歡……我就只得到這麼個結果。」[1]如果認定自己需要以完美的形象示人，就等於任由自己被別人的意見宰割。自我價值若取決於別人的意見，我們就會想影響別人對我們的觀感。

我在高中還有大學時期就犯了這種毛病。那時的我沒什麼自信，所以希望自己做的事情能贏得別人的好感。我的第一份工作，是在鳳凰城郡立醫院的太平間（在十幾歲男生的心目中，這是超酷的工作）。後來我到唱片行工作，學會了平版印刷，又到印刷店上班。我也在本地的廣播電臺做過下午班的廣播節目，還在城裡的一家工作室學到了婚禮攝影。換句話說，我存心選沒人要做的工作，希望做這些奇特的工作，能贏得別人的讚賞。

這招果然有效。不少人很欣賞我，我也得到不少關注。但我的自信並未有所提升。我覺得別人欣賞的是我的工作，而不是我的內在。那時的我心想，別人要是了解真正的我，就完全欣賞不起來了。於是我努力維持自己的形象，但獨自一人的時候，卻越來越沒自信。

我用了許多年的時間，才懂得肯定自己，而不是為別人的關注與掌聲而活。

很多父母都會追求別人的掌聲，所以總是要求子女在公開場合展現最佳的舉止。他們唯恐子女的行為不得體，顯得作父母的失職。問題是這樣做有害子女的身心健康，還會灌輸子女完美的假象。

完美主義者從小到大，通常都是因為表現，而不是性格得到讚賞。他們從未得到無條件的愛，所以認為必須有所表現，才能被他人接受。他們從經驗得知，其他人只肯定他們的成績，以及得到成績的手段。成年之後，他們仍然如此看待自己，自我價值全由他人的意見決定。因為不想被否定，所以努力做到完美。

完美主義的黑暗面

認為完美主義是通往成功的途徑，是完全正常的想法。畢竟我們表現得越好，就會越成功。這不是很合理嗎？

但完美主義其實會阻礙成功。我們永遠無法達到完美，所以也永遠不會對自己的表現感到滿意。於是我們永遠對自己的生活、工作感到不滿。不久之後，就變得無法放鬆，更無法享受現有的生活。

在此同時，我們注意到其他人一邊享受人生，一邊毫不顧忌地展現自己的瑕疵。我們發現其他人能接受自己不甚完美的表現，於是我們拿自己跟他們比較（「我比他強」），不然就是批評自己（「我是怎麼了？為何不能像他這樣？」）。

惡性循環就此展開。我們不希望被排斥，所以一旦被批評，就會有自衛心理，想維護自己的完美形象。但自衛心態卻會把別人嚇跑，我們被別人疏遠，又會批評別人，拿要求自己的完美標準要求別人。我們發展出一種自豪感，更加隱藏自己的瑕疵，在別人眼中就更難親近，惡性循環也就一再延續。

作家安妮．萊莫特（Anne Lamott）曾寫道：「我覺得完美主義的根源是一種妄想，以為只要跑得夠小心，該踏的踏腳石都踏到，就不會死。但其實無論怎樣都會死，很多人根本不需要那麼小心，就能遠遠超越你，而且在超越你的同時，生活比你有樂趣多了。」[2]

死守完美主義，人生就無法豐富。不願意當個凡人，受到荒唐人危害的機率就高得多。不願意當個凡人，也就不能做完整的自己，因為擔心會有人發現自己性格上的瑕疵，會批評自己。

孔子有云：「寧做有瑕玉，不做無瑕石。」[3]

勇於冒險，方能復甦

如果一直以來都在為別人的肯定而活，那要改掉這種習慣並不容易。如此生活無法做最真的自己。奇怪的是，很多人特別渴望身邊的荒唐人的認同。照理說，我們應該最不希望自己的人生被荒唐人控制，但很多人卻任由荒唐人主宰自己的選擇與情緒。

所以我們該怎麼辦？可以考慮下列步驟：

一、**了解完美主義對人生的危害**。拿一張紙，畫出兩欄。一欄是「完美主義的優點」，另一欄是「完美主義的缺點」。盡量多寫幾個優缺點。缺點應該會遠多於優點。如果不是，就要以務實的態度，評估你列出的每一項優點。究竟是真實的優點，還是只是熟悉又好用的藉口？

二、**挑戰自己的想法**。《聖經》教導我們「又將人所有的心意奪回」（《哥林多後書》第十章第五節）。認定自己的想法不會有錯，是很危險的。感受會扭曲我們對現實的想法。但凡想營造完美的形象，就要思考：「我為何這樣做？這樣做有什麼好處？長遠來看，是否有損我的神智與人際關係？」

三、**要思考「可能出現的最糟狀況」**。荒唐人發現我們不完美，看見我們的錯誤或是平凡之處。我們應該思考「可能出現的最糟狀況是什麼？萬一真的發生，會有多糟？該如何處理？」承認我們對於展現真實的自己的恐懼。

四、**接受犯錯的價值**。在人際關係中，犯錯是學習與成長的途徑。堅持追求完美的人，無法擁有堅實的人際關係必須具備的基本人性。人無完人。所以鉛筆的一端才會有橡皮擦。

五、**以八十五分為目標**。完美主義者總是以一百分為目標，萬一達不到或是維持不了，自己又很失望。但如果能把標準降至八十五分，通常就能達成，甚至超越。不僅仍然能有好結果，還能放鬆心情，享受過程。

我多年的好友麥特有天打電話向我訴苦。他是一家大公司的主管，當時在距離他家大約五十英里的大學攻讀碩士學位。他還是四名子女的父親，也是教會的事工。

他說：「我真不知道該怎麼辦。我每天起床，要在車陣裡開一小時的車去上班，傍晚又要在車陣裡開車去上學。每天很晚才開車回到家，都快在高速公路上睡著，因為真的是累斃了。我幾乎沒時間跟妻兒相處，而且還得唸書，平均學業成績才能維持甲等，工作也必須全力以赴。我勉強一一做到，卻幾乎要累垮。我真不知道該怎麼辦，這些事情都很重要，沒有一件能割捨。」

我問：「你為何要追求每一科都拿甲？」

「這個嘛，做每一件事都應該做到最好，沒有全力以赴是不對的。」

我說：「可是這樣聽來，你最忽略的是家人。你的學業每科都拿甲，但家庭只拿乙或丙。你要不要顛倒過來，學業只要每科拿乙就好，但家庭要拿甲？」

他說：「這樣好嗎？」

我接著說：「我拿到博士學位已經二十年了。在這二十年來，很多人問我在哪裡唸書，拿的又是哪個學科的博士，但從來沒人問我哪一科拿幾分。我的平均學業成績大概是很高分的乙，但我拿到的學位，跟那些每科都拿甲的同學完全一樣。目標是要拿到學位，提升知識。我不必承擔追求完美的壓力，照樣能達成目標。」

麥特試了試，果然有效。他不再逼迫自己在學業上非得名列前茅，就有更多時間留給家人。他與家人之間的關係，還有他的工作表現都有所進步。他以乙等的平均學業成績為目標，最後的成績反而更接近甲等。

他放過了自己。

放鬆心情，放過自己

只要試圖展現完美的形象給荒唐人看，就永遠沒辦法有健康的人際關係。這樣的人際關係不是建築在真實上，而是建築在我們刻意營造的虛假形象。沒有建築在真實上的人際關係，永遠都會停滯不前。結果就是：我們努力營造甲等的形象，人際關係卻得了丙等。

何不試試展現最真實的自己？何不把心力集中在做自己？

在電影《王牌大騙子》（*Liar, Liar*）中，主演金・凱瑞（Jim Carrey）喪失了說謊的能力，無論別人問他什麼，他都只能說實話。我看這部電影的時候心想，不想說實話又不得不說，該有多痛苦啊。

但我後來又想，**為什麼**要痛苦呢？真誠並不代表看誰不順眼，就直言批評。我們能不能有愛一些，「在愛中說真話」（見《以弗所書》第四章第十五節）呢？如此就不必因為恐懼而一味迴避衝突與對抗，可以坦然做自己。坦然做自己，確實是癒合人際關係裂痕的唯一途徑。

也許我們都該放過自己。

第21章

裝睡的人叫不醒

現在距離假期還有一個星期，而某個荒唐人，這次也會出席家族聚會。你還記得以前跟此人相處有多難受，心裡想撞牆，卻還得極力裝作談笑風生。你想避開荒唐人，卻也知道不可能。這個禮拜，你頻頻演練與荒唐人碰面的情景，做好最壞的準備，但也希望奇蹟能出現。

這個禮拜真難熬。

你來到家族聚會的現場，看見荒唐人朝你走來。這次碰面很短暫，氣氛很融洽，荒唐人隨後離開去找別人聊天，你也鬆了一口氣。等到聚會結束，你的心已經累到不行。你跟荒唐人的關係沒有進步，但也沒有惡化。你大難不死，但荒唐人已經折騰了你一整個禮拜。你心想：「好了，這次結束了。至少有一陣子不必再見到這個人。」

但為了準備這次碰面，你耗掉不少心力。雖說過程並不自在，不過最難的部分已經結束：碰完面，也說了話。即使知道隔天還得見到荒唐人，你也會稍微輕鬆一些，因為已經熬過了第一次對話。只要以第一次的基礎繼續發揮就好，不必再做準備。

這就叫做**慣性**。物理學的慣性，意思是物體通常會在原地靜止不動，除非有另一物體讓它移動。而一旦開始運動，就會一直運動，直到被外力阻止。物體還是需要一點點力量才能繼續運動，但這個力量遠遠小於讓它開始運動所需的力量。如果沒有這個力量，物體運動速度就會逐漸變慢，最後重回靜止狀態。

人際關係的慣性則是：除非有人積極行動，否則什麼也不會改變。一旦有人付諸行動，關係中有了動靜，關係要繼續走下去，就只需要一點點行動。但要是完全無人行動，關係就會退回原點。

我們知道，要開始修復不健全的關係，需要付出許多心力。但我們**希望**這段關係繼續下去嗎？這是個值得深思的問題，因為誰也不能保證關係一旦啟動，會走向何方。

我高中時期的人生第一部車子，是一九六七年的雪佛蘭卡瑪洛。有一天，車子突然停在我爸媽的車道上，無法發動，我跟一位朋友於是打算靠點火裝置的電線短路來發動車子。這並不困難，因為舊款的汽車通常沒有防盜裝置。我們打開車蓋，用一條電線連結啟動器與電池，繞過點火開關。

果然有效。車子發動了，但卻搖搖晃晃往前走。我們這才發現，剛才忘了把排檔打到空檔。車子沒人駕駛，就自行上路了。我們手忙腳亂想上車踩煞車，卻還是來不及。車子一路衝到車道快到盡頭的地方，撞破了籬笆才停下。

這就像我們對於人際關係的恐懼。最難的部分，是為最初的接觸做好準備。一旦開始往來，我們又擔心這段關係的走向，唯恐會失控。

何必開始？

「好，我跟這人接觸過了，難道這樣還不夠？我只要從此避開這人，人生就會少掉很多抓狂事。所以何必跟他相處呢？」

從初次接觸打下的基礎向上延伸，未來交流會更輕鬆。若無法就過往的基礎再上層樓，關係就絕對會回到原點。往後若是不得不再度與荒唐人打交道，也就只能從原點開始，因為沒能繼續發展。

我們在前面幾章談過，要依據關係的重要程度，決定投入多少情緒能量。越是親近的人，越值得我們投入情緒能量；交情越淺，該投入的能量就越少。我們不需要花太多時間，跟批評我們行為的陌生人相處，但對家人、朋友，還有每天遇到的同事，確實需要好好經營。

我們不需要太在意人生中的邊緣人，他們在我們人生的雷達螢幕上，只該是一個光點，不會扮演更重要的角色。有些人與我們的關係是無可迴避的，在我們的人生扮演更重要的角色，也需要我們更加關注。但這並不代表我們與親近的人關係不健康，就非得修復不可。而是要付出夠多的心力，判斷這段關係該有的樣子、擬定計畫，以及設下該有的界線。

看教你如何不受荒唐人影響的書籍是一回事，實踐則完全是另一回事。

我們已經習慣了速成的解決方案。車子拋錨就送修，雖說費用很昂貴，但通常當天就能修好，問題也就解決了。但人際關係是沒有速成的解決方案的。改善人際關係，感覺像是醫治癌症。問題已經惡化許久，只是沒人注意到，往往需要強烈的治療手段，而且也無法保證能見效。

我們看見別人做出全然荒唐的選擇或行為不理性，通常只會看到表面的影響，而忘了這種荒唐的行為模式，其實已經在荒唐人的人生不斷惡化。這並不代表荒唐的行為是對的，這麼想只是有助於我們了解問題的起因。

有個朋友跟我聊起把我們搞瘋的同事。我們談起這位女同事待人的方式，她幾乎對誰都會刻意操縱、恫嚇，我們也聊到別人對她的看法。

我的朋友說：「不曉得發生過什麼。」

我說：「什麼發生過什麼？」

「她發生過什麼。不曉得是什麼樣的遭遇，讓她覺得必須要這樣待人。正常人不會像她這樣。應該是她遇過什麼事。」

這句話改變了我的觀念。我還是得與這位問題人物共事，先前看她只覺得荒唐。但我從未想過她為何會變成這個樣子。我只要繼續避開她，就不會脫離自己的設定點，但這樣就什麼也不會改變。我與她之間的關係仍然會流於表面，也不健康。

我覺得既然非與她共事不可，那就得克服慣性。雖然我還是覺得她很荒唐，但也開始把她當成一個完整的人。我不需要了解她，只要知道有些人變荒唐是有原因的，專心思考該如何回應就好。

對我來說，克服慣性需要努力，也要承擔風險。我得判斷要設下哪些界線，她若越界，我又該如何回應。我也要評估我的行為對於這段關係的影響。

我的這位同事，似乎仍然鐵了心要把別人搞瘋。但是我花時間仔細思考與她的關係，就能以理想的方式與她互動。這樣做需要時間，也需要規劃，而且與她相處依然不太自在。但跟每次都要從頭開始相比，維持良性的互動還是輕鬆多了。

找到改變的希望

一段關係若是痛苦已久，我們就會覺得改變無望，也會適應與荒唐人共處。這樣雖說不健康，但我們再也不會感到痛苦，因為已經習慣了。我們反而擔心要是想改善關係，反而會掀起風波，弄得不愉快。

這就像明明債臺高築，還為了讓自己心情愉快而去購物。不去正視真實的財務狀況，而是騙自己「我還在買東西，所以我的財務一定沒問題。」

想要一下子解決所有的人際關係問題，只會被沉重的問題壓垮。但若不採取任何行動，不處理荒唐人的行為，也不改善自己的因應方式，那雙方的關係永遠都不可能得到治癒。要付出努力，關係才會有所進展，而且無法保證結果。但除非踏出第一步，否則不可能會有進展。

所謂克服慣性，其實只需要踏出第一步。

開啟行動的處方

緊繃的關係已經夠難處理，我們不會希望把情況弄得更失控。若想克服慣性，好好經營與荒唐人的關係，就必須完成幾個步驟。

一、**以誠實的觀點看待**

人際關係需要時間才能成長。問題一出現，我們就想解決。但人際關係的問題，並沒有速成的解決方案。我們越是急著處理人際關係，治癒的速度就越緩慢；越是耐心處理，反而越快見效。所以克服慣性的第一步，是接受每個狀況的真實面，而不是順著自己的想法隨意幻想。

二、**重視小小的作為**

我們看見巨大的任務，會認為處理起來比小型的任務更困難，覺得難以負荷，所以連開始都不想開始。其實完成巨大的任務，說穿了就是依序完成一連串的小任務。我們不能一次完成一個計畫的每個部分，一次只能完成一個步驟。我們只要明白，要先完成一個步驟，才能完成第二個，接下來是第三個，就能達成大規模的目標。每次完成一小步，持之以恆，就能有驚人的收穫，而且立刻就能見效。

人際關係也是一樣。與荒唐人的關係越親近、越痛苦，感覺就越難處理。擔心未來會發生的每個問題是無用的。我們擁有的，只有當下這一刻。一次處理一個問題。踏出的一步，絕對不是白費力氣，而是朝著正確方向前進的漫長旅途的開始。

三、**相信可能性，但也要接受現況**

荒唐人能改變嗎？只要他們還活著，就會有希望。也許未來會發生什麼事，改變荒唐人的想法與行為。

我們可以這麼想，但也要知道荒唐人有可能不會（而且大概是真的不會）改變。如果荒唐人非得改變，我們才會快樂，也才能保持神智清醒，那就等於任由荒唐人操控我們的人生。

四、不要舉棋不定

走在路中間似乎很安全：不去改善關係，也不全然置之不理。但如此舉棋不定是不好的，因為不會有任何進展。這是在逃避痛苦，而不是在追求健康。我們唯恐犯錯，所以刻意不做決定。但最好還是做出決定，採取行動，再處理後續的結果。

美國的俗話說「路的中間，只有黃線與死掉的犰狳」，而猶豫不決或保持中立則可能導致不幸。

五、活在當下

只在意結果的心態是很正常的，但衡量人際關係不該只看結果。與其只看結果，不如重視一路上的進步。我們要追求的目標，並不是保證人際關係絕無問題，而是判斷當下怎樣的選擇最為理想，掌握最新狀況，留意現況。指望過去能翻轉，或是幻想未來會更好，都是很危險的。在所有的人際關係中，我們唯一擁有的只有當下這一刻。

六、了解大局

關係越荒唐，荒唐人跟我們越親近，鬧出抓狂事的機率就更高。但我們要看的不只是人際關係。我們要認清現實，了解自己人性的每一面，而不是僅憑一段人際關係就論斷自己。

有人說，沒把握的機會，就完全錯失了。我們若是任由人際關係維持現狀，那什麼也不會改變。只要克服慣性，未來就有希望。

我們需要踏出第一步。

第22章 人際關係救生包

每次旅行，別人發現我住在南加州，就會問我：「你怎麼會住在有地震的地方？」他們一想到天搖地動，就膽戰心驚，因為從來沒經歷過地震。

我的回答是：「我寧願有地震，也不要其他的天然災害。龍捲風與颶風，都是幾小時前就會收到警報，所以就會一直害怕，不知道什麼時候會來襲。地震就沒有預告，一旦得知，就是已經開始。等到你搞清楚是怎麼回事，大概已經結束了。如果你還活著，那就沒有大礙。也許會有一些損失，但你馬上就會開始清理。」

我覺得有害身心的人際關係就是如此。也許長久以來都相處愉快，荒唐人卻突然「襲擊」，言行舉止讓你出乎意料，讓你的心情碎了一地。你雖然沒有被擊垮，卻必須收拾殘局。

既然如此，那該如何做好情緒地震的防災準備？我們無法預防情緒地震，但還是可以預作準備，地震來襲時才知道該如何因應。

在加州，地震發生的一小時之後，在任何一家居家裝修店，都能看見新上架的「地震緊急避難包」。這種產品超級暢銷，因為大家剛發現自己沒有做好準備。地震的規模若是更大，那大家也難以承受公用事業與基本服務的損害。

地震緊急避難包內含在你等待救援期間，能存活幾天的必備物品：水、食物、開罐器、餐盤與器皿、急救用品、衣服、個人衛生用品、毯子等等。大多數人直到地震來襲，才會想到有必要預作準備，也才會買這些東西。

必備用品清單

我們在這本書提過，指望別人改變是無用的。別人確實有可能改變，但誰也不能保證。在人際關係中，我們唯一能保證的是改變自己，成為生活被別人擾亂，也能應付自如的人。

我們知道別人搞出的抓狂事有可能突然降臨，就要預作準備。抓狂事就像地震，不知何時會來襲，但可以確定遲早會降臨。與其坐等災難來襲，不如準備好避難用品，才能順利存活。

我們的人際關係救生包需要裝什麼？以下是一些必備用品：

我們需要不同的觀點

傑瑞追求績效。有些人認為他是工作狂，他卻覺得自己只是追求卓越。他每天很早進公司，晚上把工作帶回家，週末還經常看智慧型手機，唯恐漏接重要公事。家人很感謝他晚間與週末撥冗相聚，但也希望他不只是人在場，心也要與他們同在。

他說：「我的工作就是這樣。我也很討厭花那麼多時間，壓力還那麼大，但不這樣就會被淘汰。」

問題是，這種生活已經失控。傑瑞發現自己與最親的家人之間的關係受創，於是同意接受婚姻諮詢，也真心希望有人能指點。但工作忙碌的問題，他完全不知該如何解決。

幾次諮商後，傑瑞開始了解自己想法背後的原因。他從小就想討好嚴厲的父親，因為唯有做出成績，自己才能得到父親稱讚。只要休息，父親就會嫌他懶惰，佔用了生產力高的人才配用的氧氣。

傑瑞的父親已經過世二十年，但從未得到無條件的愛的傑瑞，至今還想以優異的表現討好父親。

我們以誠實的眼光看待自己，通常會發現自己的行為背後那些不為人知的原因。我們透過自己發展出的觀點與人來往，還納悶為何什麼都沒改變，覺得問題是出在自己生命中的那些荒唐人，都是他們的行為害我們痛苦。

現在，要開始從正確的角度看事情。我們的鏡頭就是我們的觀點。觀點若不正確，人際關係就會出問題。

我們需要他人

自助書籍的問題，在於我們要在無人從旁協助的情況下，自行解決問題。我們有個自己不知如何解決的問題，卻又想自行（依據書中的建議）解決。

有書可以參考是很好，但書無法取代人與人之間的互動。我們若身陷情緒的亂流，就需要有人挑戰我們的觀點，提供見解，從正確的角度切入。

有些人與別人互動，有時只是為了吐苦水，埋怨自己被荒唐人禍害的慘況，希望能得到安慰。但這只是在聊八卦而已，不可能找到解決問題的方法。不過「三個臭皮匠，勝過一個諸葛亮」這句格言還是有道理的，眾人一起思考，思路才能清晰。

要解決根深蒂固的痛苦，需要的不只是朋友的安慰與高見。荒唐人搞出的亂象若是難以收拾，通常就代表該請專業人士協助。請心理學家或治療師協助解決棘手的問題並不可恥，就好比找高明的修車師傅幫我們修車，也並不可恥。他們是專家，接受的訓練與累積的經歷，足以找出我們不知道的問題，予以解決。

我們需要界線

別人想運用心理戰術操控我們，我們如果知道該如何回應，就不會緊張。當下還是會有情緒，但也能看穿對方的把戲。界線就像圍籬，一旦樹立，就不會有人入侵，擾亂我們的神智。

界線就是我們為了保護自己的情緒，所做出的決定。即使有人越界，我們也不必生氣，只要重申界線的存在，堅持立場即可。對方可能會惱火、想操縱我們，但我們只需要保持心平氣和，一再重申自己設下的界線即可。

吉兒很愛她的丈夫約翰，但她的母親常常對著她說約翰的不是。母親說的也許很有道理，但吉兒發現，自己與母親聊得越多，對約翰就越來越沒好感。她發現母親的看法，扭曲了自己對待丈夫的態度。

於是她設下界線，決定再也不要聽關於約翰的壞話。後來她的母親又開始批評，吉兒回答：「媽，我很愛約翰，也相信他。妳一直挑他的毛病，我覺得聽這些對我來說不但沒用，還會影響我的態度。這樣對約翰也不公平，因為妳要是對他有意見，應該說給他聽才對，而不是說給我聽。我覺得妳以後要說，就去跟他說，別再跟我說了。」

她的母親若是說：「我不能跟他談這些。」吉兒可以亮出界線：「妳這麼想真糟糕，但要談真的應該找他談。」

她的母親若是說：「幹嘛這麼誇張，我是一片好意。」吉兒可以說：「對不起，但我真的再也不想聊這些了。」

她的母親要是打出情緒勒索牌，說：「好吧，既然妳不想談，那我以後不打電話來就是了。」吉兒可以說：「妳這麼想我很遺憾，我也會懷念以前聊過的那些話。我們可以聊的東西還有很多，但我真的不想再聊約翰了。」

這就是預先規劃的好處。知道自己的界線，就可以心平氣和回應。即使對方生氣或想操控我們，我們只要一再重申自己的界線即可。不需要向對方解釋自己的界線，只要堅守就好。我們可以運用界線，建構能有效運作的人際關係。

我們需要榜樣

很多人從小到大，都沒能擁有健康的人際關係。他們看見的榜樣、與人互動的方式都並不理想，但這成了他們唯一知道的方式。他們往往覺得應該要匡正周遭的每一個人，把自我價值建立在別人的言行上。他們並不了解，別人的選擇應該由別人自己負責。

我的岳父母在這方面就很高明。黛安跟我回顧剛結婚的那幾年，發現我們做了一些荒唐的決定。當時我們覺得這些決定是正確的，但現在看來才知道有多愚蠢。我們撐過來了，但這一路上也犯了不少錯。

那些是**我們**犯的錯誤。黛安的爸媽大概私底下常聊起我們幹的蠢事。我相信他們也曾想跳出來，指正我們的錯誤。但他們並沒有干預，只是偶爾問一些問題，表達內心的不安（「你們想清楚了沒有？」）但無論我們作何決定，他們始終做我們的後盾。他們知道人生是我們自己的，也讓我們自行決定。

結果呢？他們打下了好的基礎，與我們的關係良好又有愛。我們覺得他們自己有些所作所為也很荒唐，但那是他們的人生、他們的選擇，不是我們的。

如果沒有好的榜樣，那最好想辦法找一個。也許是一位能跟任何人相處愉快的家人，朋友推薦的親戚，或是教會的一對備受敬重的夫婦。一開始可以一起喝杯咖啡，或是在後院共進晚餐。並不需要深入詢問他們採用的方法，只要花些時間熟悉他們，就能從旁領會他們的本事。

我們需要鼓勵

人際關係中出現了路障，我們當然會覺得灰心。我們很想保持正面的態度，但遇到人際關係的危機，正面的態度就消失無蹤。我們還以為情況有了起色，自己的反應很得體，情緒卻突然崩盤。

灰心的意思是「失去勇氣」，也就是一個人的勇氣被奪走。我們失去了保持專注與正面的勇氣，光憑自己的力量，也很難找回勇氣。這就像在夜晚走過黑暗的森林，或是無人的街道。自己一個人走會很害怕，但有人在旁邊跟你一起走，那可就安心多了。這個時候需要的是**鼓勵**，需要有人幫我們找回失去的勇氣。

光憑我們自己是做不到的。在灰心的時候，我們需要能信任的人，為我們加油打氣。我們給不了自己勇氣，就要靠別人給。

我們的油箱空了，要到哪裡去找人加油？

- 想想那些曾經鼓勵你的人。他們大概擅長傾聽，更甚於擅長給建議。如果你想不到這樣的人，那就問一個信得過的朋友，誰曾經鼓勵過他們，請他們介紹。
- 寄一封電子郵件，或是打電話給此人。不要講太多細節，只要邀請他們喝咖啡，說你需要有人傾聽。
- 他們要是說最近沒空，你也不必認定對方是不想跟你聊。應該要想他們是真的沒空。再找別人聊。
- 不要叫他們幫你解決所有的問題，也不必如此指望。只要感恩有人願意在艱難的時候，與你並肩同行。

誰也無法預料地震何時來襲。誰也無法預測人際關係的災難何時降臨。面對這兩種情況，關鍵在於做好準備。要在地震發生**之前**做好準備，而不是在之後才做。

地震要來了，趕快去買救生用品吧。

第23章

努力是值得的

據說觀察六歲的孩子，就能看出孩子成年後的樣子。隨著時間過去，孩子會成長、成熟，但基本的性情在童年時期已然成形。六歲的時候很文靜，到了六十幾歲時可能會在關係中表現得更思慮深沉。小時候要是很外向，長大以後大概也會主辦社區的烤肉活動。小時候要是有條不紊、注重細節，那長大以後也許會經常給愛車上蠟，家裡也會整理得井然有序。

不見得一定是如此，但通常是這樣。我們了解孩子的獨特之處，就能在他們的成長過程中，善用這些獨特之處。如果硬是想改變孩子，強迫孩子違反自己的本性，那只會害他們（還有我們自己）感到挫折。

阿倫覺得兒子太內向，希望兒子能外向一點，於是強迫兒子用更外向的方式，來應對遇到的狀況。他是一片好意，卻搞得兒子不自在，還覺得自己有需要矯治的問題。

訓練孩子的社交技巧並沒有問題，但要順應孩子基本的天性。內向的人永遠外向不了，反之亦然。他們應該做的是發揮自身獨特的長處與天賦，努力做個最理想的內向者或外向者。

我六歲的孫女艾芙莉經常在我們家過夜。她的例行流程永遠不變：走進我們家，直接走向她的房間，打開行李，拿出明天要穿的衣服，把玩具按照要玩的順序放好，把一切都整理得井井有條。這些都在進門後的兩分鐘搞定。她把東西整理好，知道一切都料理好了，才能放心出來玩。

有些人可能會覺得她有毛病，她的爸媽說不定怕她以後會演變成強迫症，所以強迫她放輕鬆。但這就變成是以自己的角度看待她，用自己的期待要求她。

我們對待其他人不也一樣嗎？每個人的人生都有荒唐人，也都談論過荒唐人在搞砸我們人生這方面是多麼的不落人後。我們認為荒唐人必須改變。但不管有多受不了荒唐人的所作所為，只要接受他們的基本天性，而不是強迫他們跟我們一樣，我們就能得到自由。

荒唐的源頭

隨便問一群幼兒園小朋友：「誰是藝術家？」每個小朋友都會舉手。而問八年級的學生，大概會有三分之一舉手。再問一群成年人，大概就只有一兩人會舉手。

從幼兒園時期到成年之間，究竟發生了什麼？有人改變了孩子的觀點。也許孩子畫了一幅畫，大人本著好意對她說：「來，我來教你怎麼畫更好看。」於是孩子心想：「我大概不是當藝術家的料。只有大人才畫得好。」兒童缺乏質疑成年人的智慧，於是只能依據其他人的意見，形成自己的價值觀。多年後，他們依舊相信這些意見。

大多數人即使沒看過，也記得《鬥氣老頑童》（*Grumpy Old Men*）這部電影的片名。這個片名在我們聽來應該不陌生，因為我們都見過對自己的境遇忿忿不平的老人家。他們積習難改，想起過往就滿心憤恨，雖然需要別人的關懷，壞脾氣卻把別人都嚇跑。

我們一輩子做出的選擇，造就了現在的我們。有些人生初期的選擇，是別人替我們做的，例如拋棄、虐待我們。這些選擇無論好壞，都決定了我們是以正面，還是負面的角度看待人生。要是我們覺得人生很悽慘，那大概是看的角度有問題，而不是事實真的如此。

從負面角度看事情，通常會疑神疑鬼。別人說了什麼，或是做了什麼，我們總覺得有不可告人的動機，覺得對方是存心惡搞我們。

壞消息是：角度決定了我們如何看待這個世界，而我們對世界的看法，決定了我們的感受。是的，有些人的行為是很荒唐，我們也覺得自己的人生就要毀在這些人手上。但另一個人看見同樣的行為，卻可能並不當回事。

但還是有好消息：**我們並不需要當個受害者。我們可以改變角度，有不同的想法。我們的人際關係也可以改變。還是有希望的**。

看待人際關係的新角度

我們的情緒被荒唐人控制多久，並不重要。我們可以選擇換一種生活方式。也許其他人**搞砸了**我們的生活，但往後我們若還是任由自己被人操控，那就是自己的過錯。我們有能力做出不同的選擇。

聽起來像天方夜譚嗎？這些行為模式越是根深蒂固，要改變就感覺越困難。但還是有可能改變。我們多年來的觀點，也許需要受過訓練的治療師或諮商師，以客觀的角度加以調整。只要願意踏出第一步，就永遠有希望。

你家附近的書店，有不少教你如何克服荒唐人際關係的書。但我們若是從負面、打擊自我的角度看事情，不為自己的選擇負責，那書本傳授的訣竅也無用。努力必須由內而外，必須從自己做起。若希望人際關係改變，**自己**就必須改變。

這並不代表我們就必須躺平裝死，說對方是對的，我們是錯的。這樣不切實際。而是要先審視自己的內在，成為理想的人，確認自己從正確的角度看事情。以此為基礎，就有了應付荒唐人的力量。

想想以正確的觀點看待人生，所能擁有的好處：

- **別人會更喜歡我們**。沒人喜歡一個壞脾氣，思考負面的人。
- **我們會更喜歡自己**。每天早上醒來，內心會充滿希望，知道雖然難免會遇到抓狂事，但都有能力處理。
- **我們的感受會更真實**。別人還是會招惹我們，但我們會有能力處理。
- **我們會從正確的觀點看事情**。會更能理清頭緒，判斷哪些事情需要付出情緒能量，哪些不必理會。

- **我們不會受到其他人以及外在環境影響。**我們會從別人手中拿回人生主導權。

健康人際關係的十二個訣竅

我們再回頭看看幾個重要概念，助你打好基礎，迎向新的開始：

一、**盡量把一個人的荒唐舉動，跟他這個人分開來看：**每個人都會做一些在別人眼中堪稱荒唐的事，包括我們自己。但這些舉動並不代表我們的全部。我們有缺點，也有優點，而且還在不斷改善。要以正確的角度看待別人，才能好好相處。

二、**要知道永遠都有可能改變。**誰也不是無可救藥，誰都有可能改變。我們是如此，荒唐人也是如此。

三、**不要為別人的選擇負責。**我們可以盡量影響別人，但改變別人是件困難的事，我們無力完成。改變是他們自己的責任，想出手拯救、接管他們的人生，等於幫倒忙。

四、**不要指望別人**。不能指望別人會怎麼做，因為別人不見得會這麼做。指望很容易落空。

五、**要記住，世事沒有保證**。無論我們對別人付出多少心力，誰也不能保證會有好結果。無論別人怎麼樣，我們只能決定自己的快樂與選擇。是，別人做了錯誤的選擇，我們也會受到影響，但還是與我們個人無關。

六、**要知道誰都無法改變過去，但可以換一種方式因應過去**。過去就是過去了。無論過去的選擇有多沉重的苦果，都已成為過去。接受這些選擇，而不是沉溺其中，就能邁向未來。

七、**要相信未來有希望**。總是會有改變的希望。能透過新的角度看事情，就能擁有全新的未來。也許需要別人改變，但也許也不需要。也許只有我們改變，但改變之後的我們會走向新方向。

八、**你不需要受別人影響**。即使你多年來始終深受其他人的選擇影響，也還是可以學習新的思考方式，無論別人怎麼做，都再也不會受到影響。

九、**改變需要時間**。龜兔賽跑的故事告訴我們，想改革，堅持比浩大、迅速的行動更有力。人際關係需要時間才能癒合，而且要長期投入才能見效。

十、**沒有風險就沒有收穫**。即使換個方式處理與荒唐人的關係，也無法確定能否見效。但唯有冒險，才能突破存在已久的障礙。冒險爬上山頂的人，才能看見山頂最美的風景。

十一、**準備工作是值得的**。關係越荒唐，就更該預先規劃每一次的互動。沙盤推演每次的對話，就不會輕易被人操控。

十二、**要想清楚再回應，不要想都不想就直接反應**。別人會為非作歹，會出口傷人，會詆毀我們。我們也是人，遇到這些事情難免會有情緒。重點是要先暫停，注意到自己的衝動情緒，再思考該怎麼回應。稍稍暫停，就能控制自己的情緒，導向最理想的回應。

請求協助

我們在這本書討論的原則，並不是什麼艱深的學問，而是常理，是我三十五年來與他人互動、協助處理他人的問題，所累積的心得。一言以蔽之，這些原則之所以有用，是因為以真理為本，尤其是《聖經》所昭示的上帝的真理。

《聖經》說的不是宗教，而是人際關係；不是行為守則，而是日常生活的務實指引。探討人際關係的書籍不少，但很難有一本能像《聖經》，提供這麼多務實的建議。人際關係是上帝創造出來的，所以出了問題，當然要參考製造商的說明書。

所以世上所有的人際關係，都有希望。一個人無論多荒唐，上帝也不會放棄他。神愛世人，也時時刻刻竭盡全力改造世人的人生。我們灰心絕望、無力繼續的時候，上帝永遠都是我們的後盾。我們在上帝眼中大概也是荒唐人，但上帝不會放棄我們。仔細讀讀《聖經》中上帝對我們說的話，就會知道該如何與其他人相處。

拿起《聖經》，翻開《箴言》。列出每一項關於人際關係的原則，親自實踐。《箴言》是學會處理人際關係的最佳寶典。

選擇改變

常有人跟傑森和珍妮說，加入小團體，難免會遇到荒唐人——就是那些特別需要別人照應，每次聚會都會搞出事端的人。傑森、珍妮與其他五對夫妻組成一個查經團體，卻發現這些人沒有一個是荒唐人，對此非常意外。後來他們心想：「其他成員都很正常，那就只剩下我們了。原來我們才是荒唐人。」

你也許會說：「荒唐人明明到處都有！我身邊就有好幾個！」是不是常有這種感受？心裡這樣想，就會想避開荒唐人，或是改造荒唐人。但這樣做只能暫時奏效，長期來說仍然無用。

想要有長期的效果，就要從自己做起。我們可以開始療癒最荒唐的人際關係。荒唐人也許會繼續荒唐，但我們會有能力應對，不會把自己逼瘋。

要從最小的事情做起，不要一開始就想改變一切。這個禮拜我們能從哪一件事情做起，踏出改變的第一步？

我們可以選擇。我們可以維持現狀，也可以踏出改善的第一步。也許改變的是別人，也許是我們自己。也許我們與別人都會改變。只要做出新的選擇，永遠都會有希望。我們可以不做受害者。

別給他人機會，就不會因為他人而抓狂。

參考資料

第3章：人際關係的運作方式

[1] Kathy Collard Miller and D. Larry Miller, *When the Honeymoon's Over* (Wheaton: Shaw, 2000), 8.

第4章：改變你能改變的

[1] Chip Heath and Dan Heath, *Switch: How to Change Things When Change Is Hard* (New York: Crown Business, 2010), 7–9.

第5章：影響力的效應

[1] 見 David Atkinson, *Leadership—By the Book* (Maitland, FL: Xulon Press, 2008), 65.

第7章：為什麼大家不能跟我一樣？

[1] Marcus Buckingham and Curt Coffman, *First, Break All the Rules* (New York: Simon & Schuster, 1999).

[2] James Stuart Bell and Jeanette Gardner Litteton, *Living the Serenity Prayer: True Stories of Acceptance, Courage, and Wisdom* (Avon, MA: Adams Media, 2007), 3.

第8章：情緒的能量

[1] Shakespeare,《哈姆雷特》(*Hamlet*)，第二幕第二場。

第11章：第二項重要特質：正向看待

[1] Tal Ben-Shahar, “Big Think Interview with Tal Ben-Shahar,” September 23, 2009, http.//bigthink.com/ideas/16653.

[2] Tony Snow, “Cancer’s Unexpected Blessings,” *Christianity Today Online*, July 20, 2007, www.christianitytoday.com/ct/2007/july/25.30.html.

第12章：第三項重要特質：選對焦點

[1] Richard Carlson, *Don’t Sweat the Small Stuff . . . and It’s All Small Stuff* (New York: Hyperion, 1997).

第14章：第五項重要特質：寬厚為懷

[1] John Donne, *Devotions upon Emergent Occasions Meditation XVII* (Montreal: McGill-Queens University Press, 1975).

第15章：第六項重要特質：保持正直

[1] 引自 Don Soderquist, *Live, Learn, Lead to Make a Difference* (Nashville: Thomas Nelson, 2006), 141.

[2] Mark Twain, *Mark Twain’s Notebook* (London: Hesperides Press, 2006), 240.

第16章：第七項重要特質：堅定信念

[1] Haya El Nassar and Paul Overberg, “Fewer Couples Embrace Marriage; More Live Together,” *USA Today*, May 26, 2011, http://www.usatoday.com/news/nation/census/2011-05-26-census-unmarried-couples_n.htm.

[2] "Famous Quotes of Vince Lombardi," copyright 2010 by the Family of Vince Lombardi, www.vincelombardi.com/quotes.html.

第17章：分清關係的優先次序

[1] 引自 Richard Koch, *The 80/20 Principle: The Secret of Achieving More with Less* (New York: Doubleday, 1998), 164.

第18章：人際關係沒有保固

[1] Zig Ziglar, 1-Famous-Quotes.com, http://www.1-famous-quotes.com/quote/18406.
[2] Erma Bombeck, BrainyQuote.com, http://www.brainyquote.com/quotes/quotes/e/ermabombec136528.html.

第20章：放下完美主義

[1] John Powell, *Why Am I Afraid To Tell You Who I Am?* (Chicago: Argus, 1969), 11.
[2] Anne Lamott, *Bird by Bird: Some Instructions on Writing and Life* (New York: Anchor Books, 1995), 28.
[3] Confucius, BrainyQuote.com, http://www.brainyquote.com/quotes/quotes/c/confucius107048.html.

一起來　0ZTK0054

不為他人抓狂

People Can't Drive You Crazy If You Don't Give Them the Keys

作　　者　麥克・貝勒
譯　　者　龐元媛
主　　編　林子揚
責任編輯　張展瑜
編輯協力　鍾昀珊

總 編 輯　陳旭華 steve@bookrep.com.tw
出版單位　一起來出版／遠足文化事業股份有限公司
發　　行　遠足文化事業股份有限公司（讀書共和國出版集團）
　　　　　231 新北市新店區民權路 108-2 號 9 樓
電　　話　(02) 2218-1417
法律顧問　華洋法律事務所　蘇文生律師

封面設計　Bianco Tsai
內頁排版　宸遠彩藝工作室
印　　製　通南彩色印刷有限公司
初版一刷　2024 年 10 月
定　　價　420 元
I S B N　978-626-7577-02-8（平裝）
　　　　　978-626-7212-99-8（EPUB）
　　　　　978-626-7212-98-1（PDF）

國家圖書館出版品預行編目 (CIP) 資料

不為他人抓狂 / 麥克 . 貝勒 (Mike Bechtle) 著 ; 龐元媛譯 . -- 初版 . -- 新北市 : 一起來出版 , 遠足文化事業股份有限公司 , 2024.10
272 面 ; 14.8×21 公分 . -- (一起來 ; ZTK0054)
譯自 : People can't drive you crazy if you don't give them the keys.
ISBN 978-626-7577-02-8(平裝)

1. 人際關係　2. 自我實現　3. 成功法

177.3　　113013174